任性出版

沒有誰在折磨你，是你不放過自己

1%的不快、不甘、不爽，總釀成
我內心 100%的折磨，這就是內耗——
我得趁剛萌芽就掐死它。

暢銷書作家、心理學研究者
馬浩天——著

目錄

第二章 你還在被一%的壞心情影響嗎？ 053

第六章 當隱藏的社交高手 129

第七章 讓親密關係升級 161

第八章 不焦慮，才能高薪又高興 193

推薦序一

我會產生消極情緒，是我自己的問題？

諮商心理師／王雅涵

看到這本書名時，我第一個閃過的念頭是：「所以我會產生消極情緒，是我自己的問題？」但下一刻我就反思：「為什麼我會冒出這個想法？」因此，我開始閱讀書稿，並發現：書名不是要指責，而是在告訴我，**當我放過自己時，可以逐漸擺脫不舒服的感受，不再覺得被折磨**。

如果你正好對生活感到疲累，本書能幫助你減少內耗行為，以及在面對他人跟環境的負面刺激時，教你如何拯救自己。

我喜歡書中提到的一個觀念：**強勢不是手段，是性格**。這聽起來似乎有點奇怪，但又有道理。因為個性軟弱而讓自己成為受害者，不是一件好事。但性格強勢會比較好嗎？是否讓人感到不尊重或討人厭？

其實，強勢是一個中性詞。強勢的人通常有主見、性格果斷，會主動影響他人。不過，人們剛開始與強勢的人接觸時，多半會覺得害怕，認為對方難以靠近且獨斷專行。但比起弱者形象的人總希望別人給予幫助跟好處，強勢的人其實更能真實的與他人交流，且為人大都積極負責、具備行動力與影響力。

強勢不是姿態，而是心態，真正成熟的強勢是指「與人交往時，保持和平、平等的姿態，**給他人留餘地，但堅持自己的原則和主張**」。所以，請大家不要誤會，強勢和「凶惡」不該劃上等號，強勢的人也有溫柔、內向的一面，每個人並非只有一種個性。

弱者心態的人，習慣用討好來解決問題；而強者心態的人，則把精力放在增強自己的能力以及解決問題上。示弱的人可得到一時的便利、好處，但當被貼上弱者的標籤時，也更容易被欺負；反之，強勢的人經常給人有原則、會照顧自己感受的印象。

除此之外，書中還有許多關於內耗的討論，包含情緒覺察、人際交往、社交焦慮等，希望大家能透過本書，學會擺脫內耗、放過自己，並遠離自我懷疑、渴望肯定、過度擔心的內耗狀態，讓自己有更輕鬆、更愉快的人生。

推薦序二

內耗，是自己與未被解決的情緒之間的鬥爭

諮商心理師／蕭婷文

因為工作的關係，我每天會遇到許多內心正在經歷痛苦的個案，**而這些痛苦往往都指向內耗，可見內耗對心理健康的影響不容小覷**。內耗，源自個體與自己內心的衝突，而這些衝突通常與我們未被滿足的情感需求、低自我價值感、過度在意他人評價等密切相關。當我閱讀本書時，發現它不僅觸及內耗的根本問題，還為我們提供了實用的工具去認識自我、改善內在情緒狀態，從而提升自我價值感、減少內耗。

在現代社會快節奏的生活中，許多人因為工作或人際關係，不斷消耗自

己的情緒和能量，並陷入一種循環：渴望成功、被認可，卻因為過高的期待而不斷否定自己。本書指出，**內耗並非單純的外部壓力，而是我們與自己未被解決的情緒之間的鬥爭**。作者透過深入淺出的描述，帶領讀者了解為何我們會對外界過度敏感、為何我們無法輕鬆接受失敗，並提供一系列方法幫我們重建內在的平衡。

書中提到，「自我價值感低的人，往往過度在意他人的聲音和評價」。這類人經常感到焦慮，因為他們的幸福感依賴於外界的肯定，當他們沒有達到他人或自己設定的高標準時，就會陷入內耗的泥淖。這種情形在諮商中十分常見，許多個案都因為未能達到自我或外界的期望，而陷入情緒低潮。然而，書中的觀點強調，我們應該從內心建立穩固的自我價值感，避免過度依賴外在評價，這也是心理健康的關鍵所在。

此外，情緒管理對於內耗也有很大的影響。當我們不懂得如何處理情緒，特別是負面情緒時，這些情緒會像漣漪一樣擴散，逐漸影響到我們的思維、決策和人際關係。就像書中提到，「**低內耗人生從情緒管理開始，只有**

及時感知自己的情緒，才能將內耗扼殺於萌芽中」。這一點特別重要，在諮商實務中，有許多個案都因為無法處理負面情緒，而陷入長期的內耗。他們不斷的檢討自己，甚至在內心展開激烈的自我批評，這樣的循環最終導致心理的疲憊與倦怠。

本書提出淺顯易懂的解決之道，並非單純的理論，而是結合具體的行動指引，讓讀者在理解內耗的同時，找到一條可行的改善路徑。例如，書中強調「調整自己的心態，提升自我價值感，**學會接納不完美的自己，這樣才能真正擺脫內耗**」。這也是我臨床工作中的經驗，當個案在學會接受自己的不完美後，開始擁有更大的心理彈性，就可以不再為過去的失敗或外界的評價困擾，而能更平靜的面對生活中的挑戰。

本書是一本充滿洞見的自我成長指南，讀者不僅可以認識自己的情緒模式，還能學會如何調整自己的心態，提升自我價值感，最終實現低內耗、高滿足的生活狀態。無論是作為自我探索的起點，還是情緒管理的工具，這本書都值得反覆閱讀與深思。

前言
今天你放過自己了嗎？

很多人都有這樣的困惑：我今天什麼也沒有做，可是為什麼會這麼累？答案最終都指向內耗。顧名思義，內耗就是指內在的消耗——自己為難自己、自己耽誤自己。這不僅是自己跟自己的鬥爭，更包含自己對自己的敵意。所以，今天你放過自己了嗎？

內耗大都是因為人們受到外界的刺激而感到微不快、微不甘、微不爽等。這些負面情緒僅自己能感受到，也許轉瞬即逝、也許埋藏心中，但切忌放任自流。因為一旦忽視就容易以小見大、由點及面、逐漸強化。而不管是長期負面情緒纏身，還是短期負面情緒突然增加，都會引發自我折磨。

當一個人被壞情緒左右時，會變得非常容易衝動，有時會做出失去理智的事。在工作中，我們經常看到有人因為態度問題而將合作搞砸；在生活中，我們也經常看到有人因火氣上來而和人爆發激烈爭吵。

心理學家發現，好情緒在人的生活中占有很大的比例，可通常導致惡果的都是那一時的壞情緒。俗話說得好：「衝動是魔鬼。」假如我們不能管理自己的情緒，那麼**一%的壞心情很有可能會導致一〇〇%的折磨**。

在現代社會中，生活壓力大、工作壓力也大，所以我們必須振作起來，不僅要有個好身體，同樣也要保持好精神。而想實現這樣的結果，就必須放自己一馬。

作家法蘭茲・卡夫卡（Franz Kafka）說：「時間很短，我的精力有限。辦公室混亂、公寓喧鬧，假如我們不能輕易得到愉快的生活，就只能想些巧妙的辦法迂迴前進。」其實，想擁有愉快的人生不需要迂迴前進，只要你能**及時感知自己的情緒，就能將內耗扼殺於萌芽中**。

愉快的人生從情緒管理開始，你了解自己的情緒嗎？你知道如何利用情緒降低內耗、提高自我價值，然後走向人生顛峰嗎？請你於百忙之中閱讀此書，相信這本書一定能幫你更順利的了解自己，讓你明白自我折磨是怎麼來的、怎麼做才能減少，以獲得輕鬆、快樂的人生。

第一部

反內耗心理學

第一章

我的情緒，我作主

主管、同事、部屬、配偶、孩子、父母、鄰居、朋友，以及其他日常生活中需要打交道的人，我們的情緒或多或少都被他們影響過。

1 別被「別人的聲音」左右

「這個企劃案老闆催三次了，你怎麼能只顧著和男朋友約會？週六來加個班吧！」即便心中不願意，但擔心拒絕會讓主管不高興，所以依然違背自己的心意同意加班。面對別人提出的請求，即使自己心中不願意，但為了讓對方滿意、獲得對方的認同，也依然勉強自己去做——這樣的人，就是自我價值感低的人。

跟一般人相比，自我價值感低的人往往更在意「別人的聲音」，在意別人對自己的評價。當一個人過度在乎別人的想法，長期忽略自己的感受，甚至壓抑自己心中的需求時，他的內心就很容易滋生不滿，進而產生焦慮的負面情緒。

心理學家發現，自我價值感低的人，由於缺乏自信，經常迫切希望透過某些行為來獲得他人的認同。因此，他們通常更在意別人的看法和評價。比如：在工作中，自我價值感低的人總是希望得到主管的肯定；在學習的過程中，他們希望獲得老師的表揚；跟朋友交往時，他們希望被朋友看重。

如果自我價值感低的人得到負面評價，那他們很容易自我否定，並不斷的檢討自己到底哪裡做得不好。因為自我價值感低的人，其思想和行為太容易受到他人的影響，所以在他們的認知中，想獲得他人的好感，就得答應他人提出的請求。因此，他們不斷的違背自己內心的真實想法，一味遷就別人，而從不顧及自己的感受和承受的委屈。

然而，越是這樣，就越沒有人會考慮他們的感受，自我價值感就會進一步降低。時間久了，就會導致負面情緒纏身，內耗嚴重超標。

想擺脫這種糟糕的狀況，就要調整自己的心態、提高自我價值感，不被

「別人的聲音」影響，保持穩定的情緒。自我價值感之所以低，除了缺乏自信外，自我認知錯誤也是一個重要的原因。

比如：有些人在獲得一次的成功後，可能會將這次成功視為自己應該要達到的標準，甚至對自己提出更高的要求。一旦沒有達到，就會自我懷疑、自我價值感降低，內心充滿焦慮和不安，迫切希望再一次透過成功來證明自己。不過越是這樣，就越無法取得成功，於是內心就感到更焦慮和不安，由此陷入情緒的惡性循環，導致自我價值感越來越低。

我們須明白，**一次的成功只是偶然，可將其視為奮鬥的目標，但不能將其當作必然**，從而對自己的價值感和能力產生誤解。如果對自己有正確的認知，成功也好，失敗也罷，我們都能以良好的心態面對。就算失敗了，也能保持積極的心態，並分析失敗的原因、汲取經驗和教訓，讓失敗成為我們前進的基石。

除此之外，還有一些追求完美的人，因為對自己的要求過高，又太在乎他人的眼光，所以總是會自我折磨。比如：要完成一件比較棘手的事時，大家就會把這件事推給追求完美的人，並對他說：「這件事情太難完成了，你這麼厲害，也只有你能幫忙了。」然而，一旦沒有完成這件超出自我能力的事，他就會自責和內疚，不肯放過自己。

所以，擁有正確的自我價值感很重要，對自己的能力有正確的認知後，既能欣賞自己的長處，又能正視、改正自己的不足，並提升自己。

那麼，對於自我價值感低的人來說，怎麼做才能提升自我價值感，從而讓自己遠離負面情緒？

首先，要正確認識自己存在的意義，也就是正確認識自己和他人的價值。每個人都有自己的價值，只有不斷提升自我認知，才能避免被別人的聲音影響，面對各種事才能進行正面評價。

其次，要坦然面對失敗，積極改正不足。在遭遇挫折和失敗時，不要一味逃避，要正視它並從中吸取經驗和教訓，然後借助自己的優勢，讓自己強大起來。唯有如此，生活才能朝好的方向發展。

最後，保持良好的心態。「態度決定一切」，擁有積極、良好的態度，就會有一個好的開端。用積極、健康的心態坦然面對生活，我們就能不隨意貶低自己，並擁有正確的自我價值感。

因此，我們應記住，無論發生什麼事，**都不要貶低自己，也不要被「別人的聲音」左右**。而提高自我價值感，能在很大的程度上讓我們放自己一馬，從而保持情緒穩定。

2 過度友善也是病態心理

讚賞別人是一件令人心情愉悅的事，既肯定了對方的努力和成就，又能快速拉近雙方的關係。但讚賞過度，就會變成刻意取悅別人，這樣不僅會讓自己和被讚美的人尷尬，還會讓自己被嘲笑。

趙娜是一位優秀的舞蹈老師，擁有一家舞蹈工作室，其學員眾多。為了更順利的聯繫和指導學員，趙娜會與每位學員互加社群媒體的好友。

平時，趙娜喜歡在社群媒體上分享貼文，學員偶爾會按讚或留言，大家都覺得這樣既不會過分打擾對方，又能適當的促進聯繫。

然而，就在最近，學員們發現了一件好玩的事。每當趙娜在社群媒體上分享貼文，就有一個學員會迅速按讚和留言。假如趙娜分享了一張表演的照片，這個學員就會留言：「老師，您真是一代舞神！」假如趙娜分享了一些日常生活的紀錄，如出門旅遊的照片，她又會留言：「看起來真是太美了，真想跟老師一起出遊。」

儘管趙娜並沒有回覆她的留言或幫她按讚，她還是堅持了很久，讓人覺得她和老師的關係好像還不錯。然而，這種刻意討好的行為並沒有為她帶來好處，反而引起了其他學員的不適和嘲笑。

有時候，某些人總會為了達到某種目的而讚賞他人，甚至將各種優美的詞彙強加在他人身上。當一個人把取悅別人視為成功的捷徑時，他通常很難成功。甚至，在這個過程中，他還有可能暴露自己的不足和功利心，而引起他人的反感。

因此，在跟人交往的過程中，我們不要刻意討好他人，就算是讚美他人，也要遵循適度的原則，並保持真誠的態度。

在現實生活中，除了不要帶有目的性的去取悅他人，我們更要避免像「老好人」一樣去討好他人。很多人會羨慕老好人有好人緣，然而，很多時候，老好人並不快樂。對他人友善本身是一件好事，但當友善超過了一定的限度，就會造成內耗。

怎麼定義「老好人」？老好人指經常幫助別人，對別人的請求全部答應，過度熱心助人的人；處處為別人著想，想盡辦法為別人解憂，特別善解人意的人；遇到矛盾衝突就主動退讓，對別人的意見一味說好，與人為善的人；別人有困難就伸出援手，就算會損害自己的利益也義無反顧的人。

美國心理學家萊斯．巴巴內爾（Les Barbanell）認為，**過度友善不是一種值得讚美的性格，而是一種病態心理**，他將其稱為「看管人性格紊亂症」、「友善病」或「取悅病」。他在其著作《揭開友善的面具》（*Removing the Mask of Kindness*）一書中寫道：「極端無私，是掩蓋一系列心理和情感問題的一種性格特徵。」

世界上不存在完美的人，同樣也不存在極端無私奉獻的人。**一個人過度友善，只是因為他們內心極度缺乏安全感，希望借助不斷的幫助他人來得到認可和肯定**。他們表面友善無私，內心深處卻充滿孤立、空虛、痛苦、焦慮等負面情緒。

在具體人際互動中，過度取悅他人不僅會帶給他人負擔，也會暴露內心不夠強大的事實，才會希望借助外界對自己的接納和肯定來提高自己的價值，為自己增強信心。但顯然這樣做是錯誤的。

若一個人長期處於討好者的位置，那將很容易陷入取悅他人的病態，並逐漸將他人意志作為自己的行為準則，從而迷失自我。長期對人過度友善，忽略自己的感受，會讓自己陷入身心俱疲的境地，付出巨大的代價。

英國心理學家蘇珊娜·阿貝西（Susanna Abse）說過：「如果一個人太順從，不能為自己挺身而出，沒有自己的聲音，那他很容易受人欺負。」因為一旦討好的對象表現出一點不滿，他就有可能陷入恐慌情緒。

所以，在跟人相處時，學會正確處理彼此的關係特別重要。尤其是千萬不要當老好人。阿貝西告訴我們：「如果想改變這種長期以來的行為習慣，那就需要『痛苦的努力』，需要了解自己，認知自己的恐懼和擔憂。」

想要克服過度取悅的心理，我們可以從下面幾點入手。

首先，我們要大膽的學會為自己說話，正視自己的不足。比如：當你想要做某件事又缺乏勇氣時，你可以對自己說「我想……」、「我要……」，來為自己打氣，並想像這件事成功後，能給自己帶來的滿足感和喜悅感，這樣你就會越來越有勇氣做自己，並越來越有自信。

其次，不要和別人攀比。很多人會下意識的跟人攀比，一旦對方取得的成就超過自己，就會心生焦慮，從而在負面情緒的驅使下做出一些不理智的行為，比如刻意取悅對方，以期得到幫助，希望自己將來也能像對方一樣成功，甚至超越對方。可見這種討好心理的動機就很不單純。

假如你也想像別人那樣在某方面成功，正確的做法是先為自己設立正確的定位，再為自己制定合適的目標，之後按照目標堅定、努力的去做，直到成功達到目標。我們要明白，我們有自己的生活和工作，無須和他人比較，更無須討好他人，只要掌握好自己的生活和工作節奏，好好做自己、好好努力，就可以了。

最後，平等和尊重是處理人際關係的基礎。當一個人的能力越來越強大後，他就會發現討好他人只會帶來情緒的內耗，自己的情緒應該掌握在自己手裡。

3 學會說「好」跟「不好」

在生活中，很多人都不好意思拒絕別人的請求，並覺得「不」是最難說出口的一個字。然而，如果我們礙於情面不好意思拒絕別人，勉強自己去做不喜歡的事，只會讓自己被負面情緒包裹，然後不停的自我折磨。

請千萬不要誤會，前面說的「拒絕別人」，並不是冷漠的將他人的求助統統拒之門外，而是建議你根據自己的意願和能力，有選擇的幫助他人。學會對他人不合理的請求說「不」，不勉強自己去做不想做的事，尊重自己的感受，不失去自我，擁有獨立、自尊自重的人格，我們才能開心快樂、幸福的度過一生。

隨著人們生活品質提高和生活節奏加快，有時候不懂得拒絕別人，反而會給我們帶來麻煩。比如：朋友向你借錢，但你打算存錢去歐洲玩，並不想借給他；同事邀請你去酒吧聚聚，可是你忙碌了一天，只想回家陪陪孩子；同事向你請求幫助，但你剛加完兩天的班……面對周圍各種不合理的或大或小的請求，違心答應了就是自己為難自己，不答應卻又不知道該如何拒絕對方。因為拒絕了對方，對方可能會不高興，我們心中就會因此產生內疚感，進而導致精神內耗。

古希臘數學家、哲學家畢達哥拉斯說過：「**最短、最老的字——『好』或『不』——需要最慎重的考慮。**」「拒絕」本身或許會讓人產生不快，因為我們違背了對方的心意。但在人際交往中，由於立場、能力、權力、資源、時間、心情等方面的原因，我們不可能事事都遵照他人的期望和要求來做。假如事事都順從他人，不顧自己的感受，慢慢的，我們就會陷入負面情緒的漩渦。

喜劇大師查理・卓別林（Charlie Chaplin）告訴我們：「**學會說『不』吧！那樣你的人生將會變得更美好。**」誰也不是萬能的，每個人都會遇到自己力所不能及的事。如果能尊重自己的感受，顧及自己的現實情況，順從自己的內心意願去拒絕別人，那麼我們就能擺脫壓抑、焦慮等負面情緒，活得輕鬆、快樂。

當然，直接拒絕別人是不可取的，那樣不僅會讓對方丟了面子，還會影響彼此的感情。因此，**得體的、委婉的說「不」是一門藝術，這樣既不會讓對方不愉快，還能幫助我們保持穩定的情緒**。

拒絕別人並沒有我們想的那麼困難，真正的朋友也不會因為我們的一次拒絕就不再往來。只要你掌握了拒絕的技巧，就可以在不傷害對方面子的前提下，得體的說「不」。以下分享幾個比較實用的拒絕小技巧：

・拒絕一個人要先尊重他。很多時候，在對別人說「不」時，讓人不舒服的並不是拒絕行為本身，而是我們拒絕時的態度和語言。只有感受到你的尊重，對方才會對你的拒絕表示理解。

・把握分寸。對自己的朋友、親人和同事要有邊界感，和他們保持適當的距離。在對這些人說「不」的時候，要根據關係的親疏遠近使用合適的語言、把握好分寸，既不能過分親密，也不能過分疏遠。

・拒絕的原因要講清楚。拒絕別人時千萬不要模稜兩可，如果不把拒絕的理由說清楚，那麼對方會覺得你不真誠，便會對你產生意見，日後可能會給你帶來麻煩。因此，不論出於什麼原因拒絕別人，都要坦誠且明確的告訴對方，以獲得對方的理解。

・拒絕時也不要忘了讚美對方的優點。大家都喜歡聽好話、希望別人認同自己。所以在拒絕別人的過程中，不妨先肯定對方的優點，表明自己在某些方面不如對方，鼓勵對方自行想辦法或尋求其他方式解決，最後再說明自己為什麼不能答應對方的請求，讓對方因增強了信心和被充分尊重而接受我們的解釋。

如果你正在為了不知道如何拒絕別人的不合理請求而煩惱，那麼請不要猶豫，得體的跟對方說「不」，既讓對方懂得要體諒我們的難處，也讓我們從這種拉扯、糾結的內耗情緒中走出來，重新擁有好狀態、好情緒，讓生活回歸正軌，從而實現人生變得更美好的圓滿結局。

總之，當我們學會對一些不合理的要求說「不」，不再因此有愧疚、不安的負面情緒時，我們就會驚奇的發現，心情變輕鬆了，由此而來的不快、擔憂等情緒不見了。我們不再萎靡不振、無法專心做事，重新變得元氣滿滿、朝氣蓬勃，覺得幸福生活唾手可得。

4 他是在嫌棄我嗎？

「他們是不是在嫌棄我穿的衣服不好看，偷偷的取笑我？為什麼我總覺得剛才走過去的那兩個人，一直盯著我的裙襬看？」、「早上來不及打理頭髮，結果我一整天都耿耿於懷。上班期間，覺得同事都在討論我的髮型古怪，甚至連主管都多看了我幾眼。難道他們也在嫌棄我的髮型？害我一整天都不能專心工作。」

別人多看自己幾眼就是在嫌棄自己嗎？他們真的是在嘲笑自己嗎？當然不是。會產生這種想法，說白了就是在內心深處不接納自己，對自己抱持否定的態度。試想，一個連自己都無法接納和肯定的人，又怎麼會有自信？怎麼會有正確的自我評價？怎麼能將對自我好壞的評判權掌握在自己手中？這是內在自我極度虛弱的表現。上述案例中的路人、同事和主管真的存在嗎？答案是否定的，那都是其內在虛弱自我的假想。

現實中事物發展的正確邏輯和想法應該是，假如有人因為你衣服怪異或頭髮蓬亂就嫌棄你，覺得你是一個差勁的人或要跟你絕交，那麼只能說明對方思想奇特，不值得交往，與你本人沒關係。

再者，大家應重新思考一下人們究竟討厭什麼樣的人。其實，人們之所以會討厭一個人，往往是因為這個人做了讓大家真正討厭的事。你沒有那麼做，又怎麼會被人唾棄？

假如僅是穿衣打扮稍微有些特別，或言行舉止有些與眾不同，通常不會被眾人輕視。因此，**強大自我、充實自己的內在能量，不看輕自己，正確看待自己，才能讓我們不過分在意他人的眼光，不胡思亂想，進而避免無謂的情緒波動。**

精神醫學和精神分析學家海因茲．寇哈特（Heinz Kohut）認為，人只有在「自愛」受到傷害時，才會產生憤怒和怨恨，並會真正嫌棄那個傷害自己的人。

通常而言，自愛是指一個人尊重、關愛和照顧自己。因此，幾乎人人都有自愛的心理，都希望別人對自己的評價是「強大、聰明、鶴立雞群」。當自愛遭到否定，也就是當得知別人對自己的評價是「弱小、愚蠢、毫不起眼」時，我們的自愛就會受到衝擊。按照寇哈特的說法，「自愛」受到傷害是一個人產生憤怒和怨恨，並嫌棄別人的原因。

可見，擔心因外在的不完美而被人嫌棄的想法完全是多餘的，只要我們不無端的負面評價他人，或以大欺小、恃強凌弱，我們就不會被人嫌棄。

假如你真的擔心被嫌棄，那麼你就應該關注有關自愛的內容，然後轉移目標，而不是整天只盯著自己的外在不放。

5 強勢不是手段，是性格

很多人不喜歡跟這樣的人打交道：做任何事之前，先把自己的難處和不易擺在桌面上，先占據下風。在工作中，他們表示這個不會、那個不行，常說「我還不熟練，你幫幫我」。在生活中，他們更拉得下臉，不是今天不舒服，就是明天家裡有事，如「趙哥，有件事你得幫我跑一趟」。還有的身段更軟，曲意逢迎、阿諛奉承都不在話下，看似手段稍微高明一點，但和前面直接開口的那一類人，其本質、目的都一樣。

他們把自己視為弱勢群體，希望透過喚起別人的同情和憐憫而獲得好處。但殊不知這種示弱行為很難獲得尊重。跟勢均力敵的博弈、旗鼓相當的合作相比，這種行為不太體面，幫一次是情分、兩次是照顧，可是人們最終只會跟真正強大的人並肩前行。因為**最後收服人心和成功的都是強者，而不是弱者**。強勢聽上去似乎並不討喜，有居高臨下之嫌，但真的如此嗎？

聽到某人被冠以強勢時，人們通常會覺得它是負面的，但實際上，「強勢」是個中性詞，它跟大多數性格特點一樣，是一體兩面。好的一面是，強勢者大都有主見、性格果斷，會主動影響別人；不好的一面是，剛開始與他們接觸的人，會覺得他們難以接近、獨斷專行。

很多人都在努力做一個強勢的人，也更願意跟強勢的人交往，強勢者不好的一面正在被修正和改善。強勢的人往往更容易成為獨立、強大、有行動力、有影響力的人，也更容易成功和獲得幸福：

1. 強勢能促進自己成長

以弱示人者多表現出弱者心態，遇事習慣用弱和討好來解決問題，而不是把精力用於讓自己變得強大。以強勢示人往往需要一些東西來支撐，而這就是強勢者的過人之處。比如：想成為有能力或學識淵博的人，就需要不斷的修練和提升。也是因為強勢，不僅他人會對強勢者有更高的期待，就連強勢者自己也會用強者心態來鞭策自己持續進步，所以強勢的人離成功很近。

2. 強勢的人不會被欺負

欺軟怕硬是大多數人的本性，因此「軟柿子」往往最易成為被拿捏的對象。弱勢群體是最有可能被逼迫、被欺壓的，示弱雖然能得到一時的便利和好處，但也會被貼上「弱者」的標籤。強勢者則不同，他們至少給別人有底氣、有原則的印象，讓別人覺得他們是不可欺的人。

強勢的人會表明立場、原則，拒絕委屈自己、成全別人。儘管這可能會被人評價為缺乏親和力，但有親和力並不等同於違背自己的意願、不顧自己的感受。

3. 強勢的人更容易實現目標

強勢的人不會輕易妥協，始終致力於成長，所以更容易實現目標、獲得成功。跟弱勢者相比，強勢的人更喜歡用實力證明自己。他們不僅有明確的目標，還有追隨的夥伴，這就是他們的優勢。

在一個團隊中，強勢的人也往往是最能提升團隊效率的人。他們不會花時間糾結和猶豫，因為他們很清楚該在什麼時間做什麼事。

強勢的人都具有以上這些優勢，但若想徹底將強勢的作用發揮出來，還要走出相關的誤區，至少要防止「一葉障目，不見泰山」，以免產生不必要的內耗：

1. 強勢不是姿態，而是心態

跟人交往時，成熟的強勢者會保持平和、平等的姿態，既留給他人餘地，又堅持原則和主張。

2. 強勢不是唯一的性格底色，而是一種保護色

強勢不是唯一的性格底色，本質上是一種自我保護色，維護著強勢者內心世界的秩序，讓當事人免受欺凌。

其實，不管是哪一種性格，都不是一個人唯一的性格底色。一個人可既溫柔又強悍、既外向又內斂、既寬容又小氣。只要被用於合適的場合，對立的性格不僅不會產生矛盾，還會讓人大放異彩。所以，要避免時時刻刻以強勢示人。當強勢者學會釋放溫柔、內斂時，他也就多了一絲韌性和一種反差感的魅力色彩。

3. 強勢不是手段，而是一種性格

強勢有助於實現目標，但不能成為手段。在必要時，強勢者要學會退讓。如果沒有破壞底線，適度低頭並不等於以弱示人，而是在必要時刻的必要選擇。此外，強勢者也可以用迂迴的方式來做事，不觸及核心的讓步，往往有以退為進的效果。

其實，強勢的人通常比弱勢的人承受得更多。他們表面上看似不好相處，但真的遇到事情時，便會挺身而出、解決麻煩，使周圍的人受益。

當然，強勢者也應該把握好分寸，發揮強勢的正向作用，遠離相關的誤區，這樣才能當有話語權的強勢者。

6 畢馬龍效應：期望什麼，就得到什麼

畢馬龍效應（Pygmalion Effect，以希臘神話中的畢馬龍命名：有位雕刻家畢馬龍，愛上了自己雕刻的雕像，並請求美神維納斯賜給雕像生命，最終維納斯答應畢馬龍的請求），簡單來說就是指**一個人期望什麼，就會得到什麼**。很多時候，如果我們充滿信心的期待某種結果，那結局就很有可能會跟預期的一樣。

在做一件事情前，很多人都會說：「這件事太難了，我可能沒有辦法完成。」實際上，這種話一出口，就會形成一種自我暗示，讓人在潛意識中認

為自己根本無法完成這件事，故而在做事的過程中，也不會拚盡全力。如此一來，最後的結果十之八九便是失敗。

而與之相反的，**當遇到一件困難的事時，如果我們告訴自己「其實，沒有那麼困難」、「這點小事，我肯定能解決」……那麼，最後的結果往往會如我們所願。**

心理學家麥斯威爾．馬爾茲（Maxwell Maltz）說：「我們的神經系統特別好騙，你用肉眼看到一件事時，你覺得它是一件喜悅的事情，神經便會給出喜悅的反應；你覺得它是一件憂愁的事情，神經便會給出憂愁的反應。」同理，假如你一直對自己進行積極的自我暗示，就可以所向披靡、好運連連、戰無不勝；假如你一直對自己進行消極的自我暗示，就會因內耗而一事無成。

積極的自我暗示可以產生強大的能量，讓我們無論做任何事都保持積極的心態。因此，在日常生活中，無論面對什麼樣的人、什麼樣的情況，我們都應遵從積極、正面的暗示，保持一種樂觀、愉快的心理狀態。

當我們習慣對自己說「很好」、「不錯」、「會好起來的」這類話時，神經系統與生理功能就會進入良性循環，我們便能擁有健康的身體、快樂的心情和幸福的人生。

第二章

你還在被 1%的壞心情影響嗎？

好奇心不一定能害死貓，但完美主義一定不會輕易放過自己。一旦不幸中了完美主義的「毒」，人們就會不停的因為一些小事為難自己，這時，我們就會被 1%的壞心情左右，進而損害自己的身心健康。

1 完美，很好；不夠完美，不好！

完美主義，意思是做事情要麼就做到極致，不然就乾脆不做——這是完美主義者奉行的準則。

對很多人來說，擁有完美的人生是他們努力的目標。他們希望工作表現優秀、婚姻幸福、身體健康、有很多朋友、能四處旅遊、靈魂自由等。但生活並不會因為個人的想法而改變，總會帶給你許多意外，讓我們陷入焦慮和恐慌的情緒中。因此，**學會接受生活中的不完美，才能真正放過自己**。

法國作家大仲馬（Alexandre Dumas）說：**「人生是一串由無數的小煩**

惱組成的念珠，達觀的人通常會笑著數完這串念珠。」人生沒有十全十美，總會出現許多缺憾。當遇到不好的事時，一個人如果選擇當一隻鴕鳥、不想面對，那麼他就會產生惶恐、抱怨的負面情緒，進而陷入無休止的內耗。

生活中的煩惱確實會令人不愉快，但正因為如此，才能證明我們存在的意義。原本人生的真面目就是「不完美」，我們因此產生負面情緒，其實就是在不斷的否定自我。

面對人生的不完美，我們應該試著接受。當然，這並不意味著毫無作為或聽之任之，因為那樣無異於放棄自己的人生。我們應該抱著一顆平常心去積極的面對問題，然後盡可能的解決問題。如果我們整日被抱怨、懊惱的壞情緒左右，那麼人生就會越來越糟糕。

俗話說：「人生的經歷沒有好壞之分。」只有用積極的態度對待每一次挫折，我們才能發現自己的不足或缺點，進而及時改正。這樣，我們也才能真正放過自己，變得強大起來。

當然，我們除了要接受不完美的人生，還要試著接受不完美的自己。有一些人總認為自己不夠好、不夠完美，總是要求自己「必須做到完美」、「必須得到大家的認可」、「一定不能讓主管挑出一點毛病」等。因為有了這樣的念頭，所以這些人通常過於在意外人的評價，或是一件事的結果。他們覺得自己一定要成功、表現得完美無缺，否則會成為別人的笑柄。

在這種完美主義心態的影響下，完美主義者在做事時就容易產生焦慮、敏感的情緒，尤其是需要做決斷時，常會表現得優柔寡斷、躊躇不定，並因此產生極大的情緒折磨。

事實上，完美主義者在心理上都有一種病態的「恥辱感」，他們大都自卑、多疑、多慮、喜歡爭奪，並且非常敏感，在他們眼裡，幾乎每個人都是他們的競爭對手。因此，他們無論做什麼都力求完美，希望透過完美來證明自己的優秀和強大。

完美主義者通常無法接受自己犯錯，一旦犯錯就會變得焦慮不安，並且會不斷的自責和自我批判。因此，他們在工作中常會拖延，並陷入「開始前滿懷信心↓準備時間過長↓任務逾期完成↓決心下次不再拖延」的惡性循環中。

世界上不存在完美的人和事，正是因為各種不完美，我們才有機會感知人生的意義和樂趣，感受世界的多姿多彩。其實，心理學家發現，壞心情的占比僅有一%，所以你因為不完美而產生的自卑、焦慮簡直無足輕重。當白天的錯誤和遺憾讓你感到焦慮時，我建議你**在睡前躺在床上跟自己進行五分鐘的對話，問自己：「我今天為什麼不開心？出現了什麼問題？」**然後，進行自我檢查和細節分析，尋找問題的真正原因。最後，進行積極的自我暗示：「我相信自己的能力，下一次我會更謹慎，避免出現這種問題。」

堅持這樣做一段時間後，你就會發現，人生中的不完美都是可以接受的。當你接納了不完美的自己，就會活得坦然、自在。如此，在以後的生活中，無論遇到什麼樣的困難和挫折，都能有足夠的心力去應對和戰勝它們。

2 所有問題，都是情緒問題

有的人在做自己不喜歡的事時，會表現出抗拒的心理或情緒。

在日常生活中，如果遇到自己喜歡的事，人們會開開心心的投入其中；如果遇到自己不喜歡的事，人們很容易變得沒心情、不想做。要是因為外在原因而不得不去做，那就很容易產生抗拒的負面情緒，進而讓自己陷入情緒內耗，使能量變得越來越弱，於是許多工作和生活中的事都應付不來，導致自己的人際關係變差、整體運勢下滑，各方面一團糟。

所以，遇到的問題越重大，我們越應該控制好情緒，而不是情緒化的處理事情，否則只會讓事情變得更糟。

越是遇到不喜歡的事，我們越要想辦法調整自己的情緒，不讓自己被一%的壞心情左右。因為帶著對抗的心態去做事，我們的抗拒心理會越來越嚴重。而這種消極的狀態很危險，會大大增加我們犯錯的機率。

在遇到不高興的事時，對抗的情緒很容易造成時間和精力的浪費。其實，我們可以**將不愉快的事視為一次鍛鍊，甚至一次經驗的累積**。當學會轉換心態後，你就會發現自己不喜歡做的事，並沒有想像中的讓我們難以接受，只要多付出一點耐心和努力就能完成。

雖然**無法改變已經發生的事，但我們可以試著改變自己的態度和心情**，以積極的心態面對負面情緒。**遇到不愉快的事時，先解決情緒問題**，做到不抗拒，這樣我們就不會被一%的負面情緒影響。

3 野馬效應

有時候，人們會因為一些微不足道的事而大動肝火，假如不能及時控制自己的情緒，事態便會愈演愈烈，甚至會造成嚴重的後果。

比如：在埋頭加班的某個夜晚，辦公室忽然斷電了，你的電腦自動關機，剛做好的企劃案由於來不及存檔，因此一個晚上的努力都白費了。此時，你沒有想著怎麼彌補，而是心情煩躁、生悶氣或打電話向朋友抱怨。這種現象就被稱為**「野馬效應」**。

在非洲大草原上，野馬經常會遇到一種吸血蝙蝠，牠們會在野馬的腿上吸血。吸血蝙蝠把野馬的血當作食物，無論野馬怎麼暴怒、狂奔，牠們依然堅持吸飽後才離開。因為拿這些「傢伙」沒辦法，因此，很多野馬都被活活折磨至死。

後來經研究發現，這些吸血蝙蝠吸走的血量其實非常少，對野馬來說不足以致命，真正導致野馬喪命的，是牠們被叮咬後的暴怒和狂奔。

換句話說，吸血蝙蝠僅是野馬死亡的誘因，而野馬被叮咬後產生的劇烈情緒反應，才是導致牠們死亡的直接原因。

心理學家經研究發現，一般人大概有三分之一的時間處於情緒不佳的狀態。因此，人們常需要跟消極情緒博弈。也就是說，越喜歡計較小事的人越容易生氣。憤怒這種情緒，往往在大腦處於亢奮時出現。當憤怒演變為大動肝火後，我們的大腦就不能正常工作了。因為不想被憤怒這把火燒死，所以人們會選擇盡情的發洩，甚至嚴厲的指責別人。

我們經常會聽到有人說「氣死我了」這句話。因為被別人抱怨了一句或被陌生人不小心踩了一腳，有些人就會生氣。愛計較、愛生氣的人每天都在憤怒中度過，他們的血液裡似乎充滿了憤怒的因子。

你認識患有「路怒症」的司機嗎？在開車時，有的人會因為等紅燈、塞車、被超車等事情，而忽然變得情緒惡劣、口出惡言。這就是典型的「路怒症」的表現。

威廉．莎士比亞（William Shakespeare）說：「**千萬別因為你的敵人燃起一把火，你就把自己燒死**。」如果一個人因為別人的過失而生氣，那他無疑是在用別人的錯誤來自我折磨，最終受傷害的只有自己。

很多時候，我們會下意識的啟動白我補償心理機制：同一件事，如果發生在自己身上就情有可原，發生在別人身上就不可饒恕。比如：我們走在路上，不小心碰了別人一下，就一笑而過；但假如是別人碰了我們一下，我們或許就會找對方理論。

事實上，這樣的小事在生活中很常見。我們如果試著不去計較，就會發現內耗少了，生活變得輕鬆了。美國作家馬克．吐溫（Mark Twain）曾說：「**紫羅蘭將香氣留在那踩扁它的腳踝上，這被稱為寬容**。」

在日常生活中，發生不愉快是司空見慣的現象，因此我們需要凡事想開點，不要對小事耿耿於懷，免得影響自己的身心健康。凡事多一分諒解和寬容，**這不是放過別人，而是放過自己**。

「野馬效應」告訴我們這樣的道理：**外在事物並不能直接傷害我們，我們對這些事物持有的不良信念與態度，才會讓自己受到傷害**。如果一個人不能控制情緒，那麼他就要做好因惡劣情緒造成惡劣後果的準備。

4 內耗就是跟自己較勁

我在社群媒體上，看過這樣一個話題：什麼樣的情況才算最糟糕？有人回答「自己沒事找事的情況最糟糕」。很多時候本來什麼事都沒有，而我們卻胡思亂想、疑神疑鬼，認為自己受到了傷害，結果把自己和身邊的人都折磨得傷痕累累。

當一個人進入多疑猜忌的狀態時，別人的一個眼神、一句話都會讓他心生懷疑，覺得別人對自己有意見或不懷好意。這種人明明跟他人相處得還算融洽，卻很容易在腦海中設想別人跟自己水火不容的樣子，長此以往便形成了一種錯覺，即認為別人說話做事都在針對自己，必須回擊。因為開始有了和別人為敵、為難別人的念頭，所以人際關係就變得越來越差，社交範圍也越來越小。

大致而言，我們身邊的人可分為兩種：一種是先看見後相信、另一種是先相信後看見。

萬事萬物間都是有連繫的，我們的心理狀態會影響到待人處事的態度。因此，當一個人的心態偏激、不理智時，其為人處事的方式也會隨之出現偏頗，進而導致在生活與工作中出現嚴重的負面影響。

其實，**我們的生活往往沒有想像中那麼糟糕，許多痛苦都是自己沒事找事找來的**。如果不信，那麼你不妨想一想，以前讓你感到困擾和焦慮的事，有幾件真的變成了現實？

生活在快節奏的社會，我們需要承受的壓力已經很大了，沒必要再幻想出一些莫須有的煩惱來折磨自己。因此，我們要理智一些，相信自己的生活是開心自在的。要知道，折磨自我的往往不是事情本身，而是我們對待事情的態度。

生活和工作中的壓力確實存在，但也正常，如果我們能保持好心情，那我們的生活和工作就都能輕鬆些。而想要帶著好心情在職場拚搏，我們就要學會自我調節，適時的放自己一馬，**不跟自己較勁，這樣才能遠離內耗**。而最重要的就是時刻保持情緒穩定、不為得不到而難過、不刻意追求過高的目標、把該做的做好，並保持內心的平和與快樂。

另外，想要有好心情，對於不涉及原則的事，即便不合自己的心意，我們也可以不較勁。事情會有對與錯、好與壞，我們的情緒也會有快樂與痛苦，且這些情緒會在我們的成長過程中來了又去、去了又回，如此反反覆覆，始終與我們如影相隨。因此，我們只有善於調節自己的情緒，才能雲淡風輕的待之，進而過上愉快的生活。

跟自己較勁只會讓我們變得彆扭，這麼做不能幫我們理性、正確的處理事情，反而會讓我們越來越偏執、內耗越來越嚴重、能量越來越弱，這又是何必？

仔細想想，生活中真的沒有那麼多令我們不開心的人和事。我們因為一些小事而煩惱，都是得不償失。

擁有健康情緒的訣竅很簡單：斷、捨、離。首先，不理智的想法要斷絕；其次，浪費在小事上的糾結要捨棄；最後，令我們的情緒變得糟糕的人和事要遠離。做到了這三點，便是智慧的生活。也只有真正做到斷、捨、離，維持平和的心境，我們才能告別心中的小心眼，遠離情緒的困擾，進而成功擺脫負面情緒。

第三章

駛出內耗單行道，讓情緒轉彎

上天給了我們獨立思考的大腦，讓我們捕捉生活中的美好，遺憾的是，大部分人卻用它來研究生活中的不如意。當你駛入內耗的單行道，陷入情緒的漩渦時，請你換一個角度來思考問題，讓自己的情緒轉個彎。

1 賺得全世界也比不上的東西

一個年輕人向諮商心理師請教。

諮商心理師問：「你為什麼感到失意？」

年輕人回答：「我賺的錢太少了。」

「你怎麼能說自己錢少？你還這麼年輕。」

「年輕又不能換成房子和車子。」

諮商心理師笑著說：「那麼，假如你可以獲得五百萬元，但代價是你得臥病在床，你願意嗎？」

「不願意。」年輕人回答得很乾脆。

「假如你可以得到全世界的財富，但你得成為植物人，你願意嗎？」諮商心理師繼續問。

「如果我只能躺著，要全世界的財富有什麼用？」

「這就對了，你現在還年輕，有旺盛的生命力，年輕就是最寶貴的財富，怎麼能說自己沒錢？」

聽完諮商心理師的話，年輕人又重新對生活充滿了信心。

其實，窮與富只是一個相對概念，並沒有客觀的評判標準。一個人就算沒有多少物質財富，**但只要擁有青春和活力，以及奮發進取的精神狀態，我們就不能說他窮**。只要熱愛生命，我們就會感到充實和富有。美國心理學家亞伯特·艾利斯（Albert Ellis）提出「情緒困擾」的概念，他認為，**引起情緒結果的因素並不是某個事件，而是當事人的信念**。

現實中有些遭受挫折的人，通常會覺得自己很倒楣。其實，他們的這些煩惱和不快，往往跟自己看問題的角度有關。而一個人能否戰勝挫折，關鍵就在於自己的情緒。在任何情況下，一個人如果能不被一時的失意和不快左右，懷著希望和信心去面對現實和未來，他就能駛出內耗的單行道，擺脫情緒困擾，擁有快樂、富足的生活。

我們免不了會遭遇挫折，關鍵是保持積極的心態，而不是一味的讓自己陷入壞情緒的泥淖，以致每天折磨自己。人生中很多幸福都是換個念頭後得來的，求愛失敗或許是命運在暗示你，你現在還不夠優秀，等你在工作上有所成就後，會發現你當初追求的那個人依然單身。

其實，很多事情並沒有我們想像的那麼糟糕，換個角度看，也許不如意就會遠離我們。想要追求幸福的生活並不難，讓自己的心靈從悲觀的漩渦裡掙脫出來，讓情緒轉個彎，你會發現幸福就在觸手可及的前方。

就同一件事情而言，想得開就一片坦途，想不開就愁雲慘霧。任何事情都是一體兩面，假如只盯著事情不好的一面，那麼你就會一直被困在內耗的單行道裡，如此下去，你將永遠無法放過自己。

生活中的困難和挫折就像紙老虎，並沒你想像中的那麼可怕，只要讓情緒轉個彎，你就會發現眼前一片開闊。

2 低自尊不是一日形成的

一個人對自我價值的判斷、對自我的總體評估，往往代表這個人的自尊高低。假如一個人對自己的評價低於客觀情況，那他就是低自尊的人。

這類人拒絕獲得更好的生活，並不是因為美好的生活遙不可及或高不可攀，而是覺得自己應該拒絕，因為他們的潛意識裡覺得自己不配。就算美好就在眼前，唾手可得，他們也覺得自己不夠好，甚至會產生一種羞恥感，為自己的價值不能跟美好的事物相匹配而感到羞恥。心理學家發現，這種情緒體驗令人心碎，而且是最容易造成自我折磨的一種情緒。

低自尊的人也許沒做錯什麼，或根本什麼也沒做，但對他們來說，**僅是「我不夠好」的認知就已經讓他們感到羞愧**。這絕不是一時的矯情和低落，「我不夠好」會滲透在低自尊者生活和工作中的各個方面，隨時影響他們的想法和行為：

- 低自尊者不喜歡自己，也覺得沒有人會喜歡自己。因為自我評價過低，低自尊的人很難產生積極的情緒，他們不僅輕視自己，還因此厭惡自己。連自己都不喜歡自己，他們更不認為別人會喜歡自己。
- 低自尊者對負面評價極為敏感。他們在意自己的缺點，更關注錯誤和失敗。他們也會區別看待別人的評價，對讚揚視若無睹、對批評以偏概全。無論聽到多少讚美的聲音，他們都只會關注別人的不認同，並且耿耿於懷。
- 低自尊者經常會有迴避行為。因為感受不到別人的認同，也不相信別人會喜歡自己，所以他們喜歡躲在安全地帶，以迴避任何自己可能會受到的傷害。

「我不夠好」這種情緒體驗並不是天生的，而是跟童年的經歷有關。比如長期生活在批評多於表揚環境下的孩子，因為得不到支持和肯定，逐漸認為自己不值得被愛。假如沒有其他人給他積極的關注和正向的肯定，他就會慢慢形成「我不夠好」的核心信念，逐漸成為一個低自尊的人。

由於**低自尊不是一日形成的，因此，想消除「我不夠好」的觀念、提高自尊，就需要持續努力**。以下介紹幾個提高自尊的小建議給大家：

1. 承認低自尊的存在

因為不願意面對「我不夠好」的「事實」，很多人會否認自己低自尊。意識到這種想法的存在就是好的開始，當我們不再跟這種虛無的想法糾纏，就能改變這種以偏概全的念頭。

2. 懂得區分

「我不夠好」和「這件事我做得不夠好」是不一樣的。低自尊者往往將這兩個概念搞混，因為單一事件做不好和失誤就全面否定自己，這反而強化了「我不夠好」的念頭。當把事實跟「我不夠好」的錯誤認知區分開來，我們會發現，「我不夠好」不過是一個缺乏事實支撐的假情緒。

3. 自己愛自己

雖然低自尊源於童年陰影，但如果你已經成年，就沒必要從他人身上尋找無條件的愛來填補缺失。我們要做的是自己愛自己，給自己更多關注。當從生活中找到成功和做得好的地方時，我們就會發現，原來人生並沒有被失敗和「我不夠好」填滿，過去美好的時刻代表「我真的很好」。

由低自尊產生「我不夠好」的念頭是可以治癒的，假如你已經意識到這種念頭，並願意付出努力去改變，那你一定能找到自己的美好時刻，並重新建立「我真的很好」的情緒體驗。

3 接受暫時模糊的狀態

大部分年輕人的生活狀態都是迷茫、找不到目標的。不知道你有沒有五年、三年或一年的目標？可能很多人都處於無目標的迷茫狀態，每天忙忙碌碌，但不知道忙的意義在哪裡，感覺自己像行尸走肉。

每個人都可能出現對現在和未來的模糊感及不確定感，這甚至不是一種階段性的現象。迷茫這種狀態，往往會存在於很多人的青春期、後青春期，甚至中年階段。

各種媒體、勵志人物都在說生活一定要有目標，否則人生就像迷航的船隻，永遠到不了岸。這話說得很對，所以**很多人因迷茫而慌張、焦慮，更嚴重的是，有些人因為不願意接受現在的模糊感和無目標狀態，但又無力改變，由此陷入了無盡的消沉**，讓自己的身心、工作和生活都一團糟。

我想大家都經歷過面試，我們在面試官面前，也曾信誓旦旦的談論自己的理想，但這些話大都是我們為了應付面試而準備，之後都會忘記，也從來沒有認真想過是否真有那麼遠大的理想、知道自己想要什麼。

其實，暫時沒有找到人生努力的目標也沒有關係，因為目標的出現需要一個過程——經過長期的學習、成長、探索和嘗試來發現。即使沒有找到目標，我們也一定要接受自己的迷茫和無措，這樣才能避免因此帶來內耗。

有位心理學家說過：「**接受暫時的模糊狀態本身就是一種成長和精進，你還沒有目標，說明你還沒有準備好。**」迷茫也並不意味著退步，也許我們能在迷茫中厚積薄發（按：「厚積」指大量的累積，「薄發」指少量、緩慢的發揮）。人們陷入焦慮也往往不是因為沒有目標，而是無法接受自己無目標的狀態。因此，首先要做的就是接受迷茫的自己。

在目標出現前，我們往往要經歷一段黎明前的黑暗。在黑暗中，有的人淡定坦然、默默耕耘，有的人卻慌張無措、憂心忡忡。我們越不能接受黑暗，就越容易遭到黑暗戲弄、恐嚇。從時間知覺理論的角度來理解，我們越無法忍受什麼，忍受的過程就會越漫長。同樣的道理，迷茫的程度也並不是由無目標狀態直接決定，而是取決於我們對迷茫是抗拒還是接受。可見，越抗拒就會越迷茫，接受它，我們的迷茫反倒會少一些。

當然，接受迷茫和無目標僅是第一步，還要對現在的生活做出一些思考和改變，然後去努力和嘗試。

接納了迷茫的自己後，請不要吝嗇去嘗試，因為嘗試會讓我們離目標越來越近。

如果你還不知道自己想達成什麼樣的目標，那不妨趁著大好時光，體驗可能讓自己感興趣的領域。不局限方向的行動雖然只是一次小小的嘗試，卻很可能會幫你打開新世界的大門。

不知道哪一次嘗試，能讓自己接近適合自己的目標，並且隨時有可能突破當下的迷茫，所以我們要勇於嘗試。心理學家格桑澤仁告訴我們：「**迷則行醒事，明則擇事而行。**」意思是人在迷茫時，就去做明顯是對的事；在確定自己想要什麼時，就要從對的事之中，選擇對自己更有利的事去做。

深陷迷茫的人每天都在自我折磨，他們把迷茫和停滯不前、日復一日、毫無改變劃上等號。其實，**迷茫者有選擇權，只要做明顯對的事和很簡單的事就可以。**我曾認識一個編輯，他有一次趁休假時去西藏徒步旅遊，回來後嘗試寫了一本遊記，結果發現自己還挺喜歡寫遊記。於是，他把旅遊當作寫作方向。到現在，他已經出了十幾本旅行筆記，反響都還不錯。

請不要忘記，一個人腳尖朝向的就是他所選定的方向，我們所走的每一步都關係到最後的結局。因此，即便是迷茫中的人，也可以**先接納自己的狀態，然後嘗試為自己創造機會**，找一件明顯對的事去做。

4 鑽牛角尖的啟示

有一隻老鼠鑽進牛角尖，一直鑽到沒有路了，卻還是悶頭往裡鑽。於是牛角就對老鼠說：「兄弟，請你退出去吧！這是牛角啊！你越往裡面鑽，路越狹窄。」

老鼠生氣的說：「哼！所謂的『百折不撓』就是只前進，不後退！」

牛角非常無奈，對老鼠說：「可是你走的路是錯的啊！」

老鼠說：「我從出生就在鑽洞過日子，怎麼可能錯？」

老鼠還是堅持自己的想法，拚命鑽。結局可想而知，最後老鼠被活活悶死在牛角尖裡。

在現實生活中，有些人跟前面提到的老鼠何其相似，自己鑽進了牛角尖，卻固執的不肯回頭，最終造成巨大的精神耗損。

人生在世，會遇到各種事，但我們千萬不能鑽牛角尖，因為很多事都是我們無法掌控的。我們的心很小，有些事情不必太在意得失，凡事看開一點。人應該活在當下，珍惜自己擁有的；我們的心很大，既然已經失去，請學會坦然面對。

很多年輕人都有在情感中掙扎的經歷：為了心儀的人而忘記了自我，為了對方不顧一切，執著到甚至連生命都可以捨棄。後來才發現，自己當時那樣真的有點蠢。執著有時也許能帶來美好的人生體驗，但如果過分執著，就是鑽牛角尖，這樣不僅沒辦法實現自己的人生理想，反而會給自己帶來麻煩和災難。

當情緒失控時，我們通常會認定自己是個受害者，並且下意識的合理化自己的負面情緒和感受。隨著痛苦、委屈加重，我們就會開始胡思亂想，強化自己受害者的身分，整天怨天尤人，甚至仇恨曾傷害過我們的人。

深陷情緒漩渦的人，就像蠶蛹一樣，不停的編織著一個個精緻又牢固的繭，在內心的世界獨自煩惱。所以，人要成為情緒的主人，別再當被情緒控制的奴隸。被情緒左右的人不能決定自己的命運，情緒穩定的人才能擁有美好的人生。

有些事是我們不能控制，也無法改變的。對自己要求高是好事，畢竟每個人都想過得更好，但太超過反而會產生內耗。如果一味強求，憂鬱、絕望、焦慮等情緒便會將你淹沒。所以，年輕的朋友，請敞開你的胸懷，千萬不要鑽牛角尖，這樣才能擁有穩定的情緒。

5 發光的金子，代替不了生鐵

心理學家認為，「比較」是人類的本能。從某種意義上來說，比較是人類進步的動力，但不能盲目。也就是說，不是什麼都能比，而是應該客觀、理智的選擇比較對象，否則就會迷失自我，掉進自我折磨的無底洞，因比較而生出無限煩惱。

其實，幸福感是由心而發，就在我們觸手可及的地方，很容易獲得。可有些人卻不滿足，希望比任何人都幸福。但即使你認為自己真的很幸福了，也永遠會有其他人，在你看來比你幸福得多。可見，**幸福是個人的感受，無**

法比較。

除了比幸福，很多人還會在意別人比自己優秀的地方，並因此產生不平衡的心理。其實，拿自己的缺點與別人優點比較，只會給自己增添無謂的煩惱。每個人都有長處，但也都有短處。因此只有懂得欣賞自己的長處、理性的看待他人，我們才能不盲目嫉妒、怨天尤人，從而放過自己。

中國的少數民族柯爾克孜族有句俗語：「**閃閃發光的金子，代替不了生鐵的用途**。」另外，俗話說：「尺有所短，寸有所長。」可見，每個人都有優缺點。因此，生而為人，我們不能和別人比幸不幸福，而應該比是否有積極的態度、強烈的上進心、樂觀的心態等。當我們的心態是向上且充滿生機和活力，才能擁有幸福美好的生活。

6 絕境是天才的晉升階梯

有時候，我們的腦海中會出現「全都完了」的想法。人生中會遇到許多困難，但再艱難的境地都不意味著無路可走。我們可以咬緊牙關堅持一下，往前一步可能就是柳暗花明；我們也可以調整方向，換個角度，走出一條全新的道路。總之，只要不是抱著「全都完了」的灰心喪氣的想法，而是積極行動，無論選擇哪種方法，都能走出困境。

路德維希．范．貝多芬（Ludwig van Beethoven）是德國著名的音樂家，他在二十七歲時患上了耳疾，而且越來越嚴重。聽覺是音樂的靈魂，對於音樂家來說太重要了。曾經，貝多芬也一度有過輕生的念頭，但後來他對自己說：「我要扼住命運的咽喉，它絕不能使我屈服。」最後，他不僅沒有放棄音樂，反而為全世界創作出偉大的〈命運交響曲〉（*Fate Symphony*）。

在生活中，總會發生一些令我們意想不到的災難，我們不可能每次都幸運的躲過。但也沒必要因為災難而恐慌，產生「全都完了」的喪氣想法。

法國作家歐諾黑．德．巴爾札克（Honoré de Balzac）曾說：「**絕境是天才的晉升階梯、信徒的洗禮源泉、能人的無價寶物、弱者的無底深淵。**」縱觀古今中外，偉大的人物之所以能取得非凡成就，靠的不僅是普通人無法企及的聰明才智，還有在逆境甚至絕境中，比其他人忍耐和堅持更久。如果人生中沒有磨難，那這本身就是磨難，因為許多非凡成就也就與你無緣。

在〈報任少卿書〉（按：司馬遷給其友任少卿的回信。從回信中可見到司馬遷撰寫《史記》的理想，故為後代傳頌）中，太史公司馬遷說：「蓋西伯拘而演《周易》；仲尼厄而作《春秋》；屈原放逐，乃賦〈離騷〉；左丘失明，厥有《國語》；孫子臏腳，《兵法》修列；不韋遷蜀，世傳《呂覽》；韓非囚秦，〈說難〉、〈孤憤〉；《詩》三百篇，大抵聖賢發憤之所為作也。」而司馬遷本人受到宮刑（按：男子去勢、女子幽閉的刑罰）這樣的奇恥大辱，也沒有放棄編寫《史記》。沒有司馬遷的忍辱負重，就沒有這部被讚為「史家之絕唱，無韻之〈離騷〉」的史學巨著。

遇到困境，**如果想堅持原本的道路，就需要堅定的信念來支撐。而換個方向，重新出發，則是一種圓融的智慧**。在困境中不斷徘徊只會造成內耗，情緒稍稍轉個彎，往往會柳暗花明。

俗話說：「舊的不去，新的不來。」這一次的失去，通常是為了下一次得到更好的。

在生活中，誰也不可能完全避免失敗。當遭遇失敗時，我們不需要感到絕望，試著將「全都完了」的想法扔到一邊，冷靜分析失敗的原因，換一個角度來思考問題。如此一來，我們就能走向成功。

其實，人生的每一天都會迎來新的機遇，就算是大發明家湯瑪斯・愛迪生（Thomas Edison），也並非只試一次就將電燈發明出來。幸運的是，他從來沒有因為失敗而懊惱。實驗室被大火燒了之後，他仍然淡定的說：「**這把火燒光了我所有的錯誤，明天又可以重新開始了。**」

所以，在遇到失敗時，我們應該把悲傷和痛苦留在原地，杜絕「全都完了」的想法，把這次的困境視為一個新開始的契機，然後選定一個新的方向，重新向著美好的未來前進。

第四章

情緒滿了
也需要「放水」

當我們看全世界都不順眼，也覺得事事都不順心時，如果任由這樣的情緒發展下去，人就會不停的內耗，各方面的境遇也會變得越來越糟糕。因此，當負面情緒超載時，請給情緒「放水」。

1 心情也有超限效應

「超限效應」是一種心理現象，指刺激過多、過強或作用時間過久，而引起心理方面的極不耐煩或抗拒。

比如：在工作過程中，如果上級主管反覆針對同一個錯誤批評員工，就容易讓員工心生反感，甚至產生超限效應，使工作結果離主管要求的越來越遠；父母對子女出於好意的嘮叨，因為太囉唆也容易讓子女叛逆，進而出現與父母期盼相反的結果；大街上「緊追不捨」的銷售員，想多說兩句來感動客戶，而人們往往會因被打擾或不耐煩，而走得更快、更遠。

幽默大師馬克．吐溫也有過類似的經歷：

馬克．吐溫是虔誠的基督教徒。有一次，教堂有募捐活動，他便去聽演講。剛開始時，牧師講得激情洋溢，馬克．吐溫覺得牧師講得特別好，讓他很感動。於是，他打算待會捐款的時候拿出一百美元。

但十分鐘過去了，牧師依然滿懷激情的演講，一點停下來的跡象也沒有。於是，馬克．吐溫開始感到不耐煩，覺得牧師的聲音有些聒噪，決定捐款的時候只拿出二十美元。

然而，又過了十分鐘，牧師的演講還在繼續。此時，在馬克．吐溫的眼中，原本和藹可親的牧師已變成面目可憎的人，而且他一點捐款的想法都沒有了。等到牧師的演講終於結束，進入募捐環節時，馬克．吐溫已經完全被煩躁、氣憤所左右，不僅沒有捐錢，還從盤子裡拿了兩美元。

在日常生活中，超限效應的現象也很常見，最經典的就是電話推銷。大部分的人都遇過這種苦惱：推銷人員一次又一次的打電話騷擾，封鎖一個還會有下一個。第一次接到這種電話，我們可能會委婉的拒絕對方，但如果次數多了，可能還沒等對方說第二句話，我們就不耐煩的掛掉了。

超限效應告訴我們，反覆用同一件事去麻煩別人，很容易引起別人的反感。除此之外，超限效應還會使人們被負面情緒包圍，產生嚴重的內耗。這時候，假如沒有比之前更強烈的刺激出現，我們很可能就會一直沉浸在壞情緒中，無法解脫。

當人們情緒低落時，各種負面想法和資訊會控制大腦，這對身體健康非常不利，容易讓人感到憂鬱，甚至產生輕生的念頭。因此，學會感知自己的情緒非常重要。被負面情緒包圍時，如果我們及時察覺超限效應的存在，並調整自己的狀態，就能避免負面情緒帶來的折磨。

「這個世界不僅有眼前的苟且，還有詩與遠方。」在遇到不開心的事，或有了負面情緒時，不妨想想你的詩和遠方，只要及時找到自己喜歡的事，就能打破超限效應的魔咒。

2 吵架是鹽，多了會苦、少了無味！

去過陝西的人大都接觸過「秦腔」（按：中國的一種戲曲曲種）。著名的「陝西八大怪」（按：中國陝西省的關中地區中，八種獨特的傳統民俗），第八怪就是「秦腔不唱吼出來」。

在陝西，到了晚上，尤其是夏天的晚上，只要你走到公園或休閒廣場附近，就一定會聽到被人戲稱為「叫破天」的吼秦腔。秦腔之所以不叫「戲」或「劇」，可能就是這個原因。跟京劇、豫劇、越劇等劇種比起來，秦腔的確很不一樣，別的劇種都是在「唱」，秦腔卻需要賣力的「狂吼亂叫」。

第一次見到吼秦腔陣勢的人，多半會被「嚇」呆。但秦腔能流傳至今，並且深受陝西人民的喜愛，肯定是有原因的。最主要的是，吼出來的感覺太美妙了。不是嗎？當壓力太大或心情不好時，有些人會忍不住大吼大叫。雖然聽起來有點嚇人，但吼叫過後，情緒就能平復一些。

秦腔可以吼出心中的不平，其實「吵架」也可以。怎麼說？假如遇到不愉快的事，又實在沒主意，**可以跟自己或別人「吵一架」**。別覺得吵架是一件壞事，就像情緒分好壞一樣，吵架也可以吵出快樂。

吵架類似於牙齒和舌頭的碰撞，經常會在不經意間發生。有位哲人說過：「**吵架是鹽，多了會苦，少了卻乏味！**」

不過，在吵架時一定要搞清楚一點，也是最重要的一點，那就是吵架的出發點是據理力爭，這是一種溝通方式。吵架跟炒菜一樣，要講究「火候」。吵架吵不到點上，相當於沒有吵，無法擺脫壞情緒；而吵得過頭就「炒糊了」，就會有火藥味。因此，吵架要恰到好處，適可而止。

在生活中，很多年輕人都不願意吵架，尤其是在公眾場合。一是覺得吵架這種行為太失禮，讓人尷尬、沒面子；二是影響心情，容易讓人賭氣心煩；三是會破壞雙方的感情。

其實，吵架並沒有那麼不堪，很多時候是我們太過在意周圍人的眼光。也許你不信，但吵架其實是生活中的一部分，出現在我們的工作、學習和日常生活中，出現在朋友、同事、親人、愛人、陌生人之間。每個人都是獨立的個體，也都有自己的想法和做事的方式，所以分歧、爭吵會不可避免的出現。不過，大部分人爭吵的目的都只是爭論，或只是在宣洩情緒。

有人很會利用「吵架」這個工具，並將其作為生活中的一種溝通方式。

我曾看過一個訪談節目提到：

有一對六十多歲的夫妻，男士大器晚成，在文藝界很有名氣；女士自稱老太太，生活平淡，原本是一名獨立女性，後來逐漸依賴丈夫。節目在介紹他們的生活和感情經歷時，夫妻兩人一言不合就爭吵起來，但吵過後，他們又會相視一笑，瞬間恩愛如初。男士說：「我們總是吵，屋裡屋外都能吵起來，但吵過後兩人很快就放下，誰也不會真的生氣。這是我們之間獨特的交流方式。」

有些夫妻吵了一輩子，但他們還是能相濡以沫的相伴一生。有些夫妻相敬如賓，結果沒過幾年就分道揚鑣了。為什麼？因為雙方缺乏溝通。就算是吵架這種不太愉快的溝通方式都沒有，當然就無法了解對方，時間長了，感情就越來越淡，各走各路也是必然。

當然，大家都希望能和身邊的人和睦相處，但我們每天遇到的事情太多，每個人的認知、經歷和所處環境不同，加之每個人都會獨立思考和判斷，故而對待問題的態度也必然有所不同。這種時候，爭吵就是探討，在爭論中了解對方的想法、在對話中相互妥協，最終達成一致。

不過，爭吵也是有限度的，過度爭吵或因爭吵引發冷戰和其他嚴重的事，就會引發情緒消耗和麻煩。

那麼，吵架時該怎麼把握分寸？答案就是，**在爭吵中，不要在意是否占**

據主導地位，而是要分析誰的觀點是正確的、如何解決問題更加合情合理。這種吵架需要理智來配合，一旦失去理智，就會對雙方造成傷害。

透過吵架來解決問題的人，肯定非常有水準。比如爭吵到白頭的夫妻、越吵感情越好的朋友等。為了讓大家能好好利用「吵架」這個工具，吵出益處、吵出和諧，在此我給大家幾個關於吵架的小建議，請大家參考：

・用「我覺得……」來表達情緒和觀點。美國社會學家、人際關係專家珍・葉格（Jan Yager）提出，吵架時要用第一人稱表達觀點，舉例來說，以「我覺得被你傷害了」、「我覺得你的意見……」等，告訴對方這只代表你的個人感受。

・說話簡潔明瞭。說話冷嘲熱諷、指桑罵槐，只能傳遞你的壞情緒，很難讓對方了解你的意圖。如果想解決爭議，最好直接切入主題，明確說出你的意見。

・就事論事，不涉及別人的隱私。即使各執一詞，爭吵很激烈，也不要談及對方的隱私或一些私人問題。人身攻擊對爭吵毫無益處，只會讓人對你失去信任。

・給對方說話的機會。給對方同等的時間來解釋、理論，並耐心傾聽，同時尋找雙方意見不合的真正原因，進而解決爭端。

・互相留出緩衝時間。爭吵的目的是解決問題，不是逞一時的口舌之快。留給彼此緩衝時間，認真思考並回應對方的意見和看法，這樣才能進一步解決問題。

・不摔東西、不動手。無論爭吵時有多生氣，揮拳、吐口水、砸東西等行為都必須禁止，因為任何非言語的惡意行為，都只會讓別人對你失去信心、增加敵意，因此要堅決避免。

3 找到屬於自己的「樹洞」

我們每天都免不了跟各式各樣的人打交道，遇到的事也不可能都稱心如意。日復一日累積的情緒，就像水位一天天上漲的堤壩，假如不能有效宣洩，早晚有一天會決堤。因此，有什麼煩惱最好及時說出來。

心理學家認為，**把心裡的煩惱說出來，是一種自我療癒的方法**。其實，你不必太在意面子、害怕丟人，或覺得自己還沒可憐到需要被別人憐憫。每個人都會遇到一些不如意的事，心裡也或多或少會有一些傷痛。把煩惱說出來，並不意味著低人一等。

實際上，大部分聆聽者就算無法提供解決煩惱的辦法，也不會瞧不起我們。假如對方真的做出落井下石的事，那這樣的朋友不值得交。吐露一次心聲，看清一個朋友，也值得。因此，找個合適的時間，尋找合適的人，大膽的把煩惱說出來吧！

但在傾訴煩惱時，我們要注意一點——傾訴不等於一味的怨天尤人。我們不應該把所有產生煩惱的責任都推卸到他人身上，例如：說人是非、道人長短、詆毀他人。否則，不僅會讓聽的人心生厭煩，也會讓自己的煩惱情緒越來越多。

傾訴的重點是表達自己的情緒，比如受到了怎麼樣的委屈、遭遇了什麼樣的困境、希望得到什麼樣的依靠和慰藉。

在訴說煩惱的過程中，我們也能以一位旁觀者的角度，從頭到尾再一次了解自己的煩惱。有些煩惱會產生，可能是因為我們小題大作、想得太多、遷怒於別人，或來自別人的無心之失。透過重新了解煩惱，我們會發現很多煩惱其實不值一提，完全沒必要耿耿於懷。最後，就能輕鬆擺脫煩惱的糾纏，不再心煩。

有一部老電影講述一位知名商人，他在生意上成績斐然，情感卻陷入低谷。他想找個人傾訴一下心中的煩惱，但他覺得周圍的人只對他的錢感興趣，全部不值得信任。

由於長時間把苦悶憋在心裡，這位大商人的性格越來越暴躁。甚至，他覺得自己再不說出來就要爆炸了。有一天晚上，他看著花園裡的一棵樹，覺得這棵樹肯定不會把自己的煩惱洩露出去。於是，他對著樹傾訴自己的煩惱。然後，心情終於放鬆了一些。

這件事並不荒誕。儘管我們可能不會對著樹傾訴，但我們有時候也會對著不會回應我們的事物聊天——年邁的父母想念異地兒女的時候，可能會拿起他們的照片自言自語；小朋友受了委屈，可能會對布娃娃或小貓、小狗說話；還有很多人將煩惱寫下來，透過文字來傾訴。這些做法都是在傾吐自己的煩惱，就算沒有得到回應，也可以療癒內心。

所以，**跟誰訴說不是重點，把自己的情緒表達出來才是最重要的**。心理學家發現，中國女性的平均壽命普遍比男性高三、四歲，除了男性在工作方面的壓力比較大等原因之外，可能也有一部分文化因素。很多男性從小被教育「男兒有淚不輕彈」，有苦、有累都要自己撐著，導致內心的壓力越積越多。大都是不善言辭的男性容易負面情緒超載，而時常絮絮叨叨的女性反而內耗很低。

因此，**找到屬於自己的「樹洞」吧！**傾訴不僅可以解開心靈的束縛，讓內心深處被陽光照耀，還可以讓我們不再那麼孤獨。就算對方沒有回應，我們的情緒也得以宣洩。

4 興趣是最好的老師

孔子在《論語・雍也》中說：「知之者不如好之者，好之者不如樂之者。」意思就是：對於任何學問、知識、技藝，知道它的人比不上喜愛它的人，喜愛它的人又比不上以它為樂的人。

所以，無論做任何事，對事情本身感興趣特別重要。興趣，又稱「愛好」，是指一個人接近、探索某種事物和從事某種活動的態度與傾向。當我們對某種事物感興趣時，我們會主動接近，對其表現出極大的熱情，並積極參與相關活動。而且，人們在做自己感興趣的事時，心理狀態也是愉悅的。

很多時候，人們並不願意閒著，而是想找一些自己感興趣的事情來做，避免因為太過清閒而產生負面情緒。比如在清晨，我們幾乎每天都能在公園裡看到，一些老伯伯聚在一起下棋聊天、一些婆婆媽媽組團跳舞，他們的臉上還洋溢著快樂的笑容。因此，如果遇到了糟糕的事，你不妨找一些喜歡的事做，轉移一下注意力，這麼一來你無處發洩的負面情緒就能排解。

阿爾伯特·愛因斯坦（Albert Einstein）曾經說過：「**興趣是最好的老師。**」興趣可讓我們暫時放下心中的憂愁，長期堅持的話，還可以提高我們的精神狀態，以更輕鬆的應付煩惱和困境。不同的愛好，對身心會產生不同的影響。

比如寫書法、繪畫，可以讓人沉澱心靈，有利於修身養性；比如下棋，可以讓人思維敏捷，做事也會多考慮幾步；比如聽音樂、唱歌，可以緩解憂愁苦悶，有助於入眠、提高免疫力，某些心理治療就會應用音樂療法；比如跑步、打球等運動，可增強身體素質、穩定情緒，有效修復過度內耗的身心；比如登山，可以開闊心胸、提升氣度，站在山頂體會「會當凌絕頂，一覽眾山小」的豪情壯志；比如品嘗美食和下廚，可同時滿足我們的胃和大腦，畢竟「沒有什麼是一頓飯解決不了的，如果有，那就兩頓」。

顯而易見，興趣本身會帶給我們很多益處。此外，當興趣變成專長後，還會在人際交往中帶來幫助，不僅幫助我們更快的融入群體，還會讓他人心生佩服，對我們刮目相看。特別是性格內向、容易自卑的孩子，培養一個興趣能大幅提升其自信心。

如果一個人有了自己的興趣，就會很容易結識到志同道合的朋友，從而為其工作或生活增添色彩。所以，**多一個興趣就會多一群朋友**，而當遇到麻煩和煩心事時，就會增加解決或傾訴的途徑。如果你正被壞情緒困擾，那就試著做一件自己感興趣的事吧！

興趣如同人生的潤滑劑，不一定能帶來財富，但能為生活增添色彩，讓精神保持健康和活力，以遠離壞情緒。**許多事並不是我們喜歡了才去做，而是在做的過程中逐漸感興趣**，找到樂趣所在。如果你正在自我折磨，不妨做一些嘗試，挖掘出感興趣的事，或許你能因此打開一扇新大門。

5 跑步使人快樂

在社群媒體上，經常能看到酷愛跑步的人；現在，很多人在聊天時，不再說「你好！」或「吃過飯了嗎？」等交際用語，而是問：「你有沒有參加上個月的半馬（半程馬拉松）？」或「今天你跑了幾公里？」

美國腦科學家約翰．梅迪納（John Medina）在《讓大腦自由》（*Brain Rules*）一書中，提出：「運動能讓更多的血液流向大腦，為大腦提供營養，同時還能帶來更多的氧氣。」

也就是說，在跑步的過程中，我們的血液會流得更快，並且會刺激大腦形成新細胞，加速大腦細胞的新陳代謝，這麼一來，我們的大腦會變得更加清醒。

日本作家村上春樹是風靡全世界的小說家。他在剛成為專業小說作家時，為了得到更多的靈感，每天大概會抽六十支香菸。而且，他的身體屬於易胖體質，加上不規律的作息和不好的生活習慣，對其身體造成了巨大的傷害，他很快就累倒了。

為了能繼續寫小說，村上春樹接受醫生的建議開始跑步。從三十三歲開始，他堅持跑步超過四十年，風雨無阻。而且，他每年最少都會參加一次全程馬拉松比賽，還曾獲得三小時三十一分鐘二十六秒的好成績。跑步不僅讓他的身體保持健康的狀態，還讓他在寫作時保持頭腦清醒。

在《關於跑步，我說的其實是……》這本書中，村上春樹寫道：「在一九八二年的秋天，我開始跑步，並堅持了將近二十三年。我幾乎每天都會慢跑，每年至少參加一次全程馬拉松，算起來，到今年一共跑了二十三次。我還去世界各地參加比賽，長距離、短距離都參加。

「說起來，跑長距離跟我的性格更相符，但**只要跑步，我就會感到快樂**。迄今為止，我在自己的人生中養成了諸多習慣，跑步可能是其中最有益的一個，具備重要的意義。因為**二十多年從不間斷的跑步，我覺得身體和精神都在朝良好的方向進步。**」

很多人會在跑步後的第二天感覺渾身痠痛，且痠痛持續三、四天，這些狀況讓大部分人對跑步望而卻步。其實，這是因為跑步方法不對才會出現的情況。

網路上有很多指導跑步的文章，你可以從中找到適合自己的方法，然後堅持練習。釐清了正確的方法後，還要堅持二十一天，形成一個週期，到那時你就會發現自己的身體變得輕快了，似乎已經習慣了跑步，且大腦也越來越清醒、精神越來越愉悅，原本糾結的事也都豁然開朗。

6 吃飽不如睡好

夜深人靜，你躺在床上遲遲無法入眠，已經輾轉反側很長時間，卻依然沒有絲毫睡意。你開始用最經典的「數羊」方法，「一隻羊、兩隻羊、三隻羊、四隻羊……一千隻羊……」，誰知越數越清醒。有時候，失眠的確非常令人焦慮，而失眠的根源也是內心深處的焦慮。

其實，我們完全沒有必要因為失眠而恐懼。很多時候，失眠是人體免疫系統對你的警告，提醒你去尋找失眠的原因。大部分失眠都是由情緒瀕臨失控引起，情緒失控會給身體帶來很大的壓力，讓我們無法正常入眠。

這一說法是有科學根據的。美國睡眠醫學研究所做過一項關於失眠的研究，最後得出了這樣的結論：壓力會導致失眠，並且直接影響睡眠的品質。如果你失眠了，這表明精神和身體所承受的壓力已經超過了警戒線，此時，你須想辦法排解壓力所帶來的負面情緒。

當負面情緒被宣洩出來後，你的注意力便也會跟著轉移，失眠就會不藥而癒。

我在讀中國作家莫言的作品《蛙》時，曾經摘抄過這句話：「只有失眠的人，才知道睡不著是多麼痛苦，也只有失眠過的人，才知道睡著了是多麼幸福。」

充足的睡眠可以為我們帶來一整天的好心情。因此，人人都厭惡失眠，將其視為自我折磨的大魔王。尤其是剛步入社會的職場新人，繁重的工作壓力讓其中不少人都患上了失眠症。但無論失眠會帶來多少負面情緒，只要你能正確理解它，就不會被它困擾。

在無法安心睡著的深夜，你可以利用周圍的安靜，對自己進行深刻的剖析。在這麼做的過程中，或許你會將平時沒有發現的、隱藏在內心深處的、懸而未決的心理問題，藉由這個機會都找出來。**當我們無法入睡的時候，其實也是離最真實的自己最近的時候**。所以失眠真的沒那麼糟糕。

有時候，一個人會失眠，除了壓力大，還有可能是因為內心深處的自卑在作祟。比如，隔天有一個重要的會議，你不僅要全程參與，還要在會議上演講。雖然已經進行了充足的準備，但你還是擔心表現不好，並因此而緊張、焦慮得不能入睡。

可見，內心深處的自卑是導致失眠的一個重要原因。精神科醫生貝蘭・沃爾夫（Béran Wolfe）的研究發現：失眠症是自卑者最容易表現出來的一個病症。

另外，日本心理學家加藤諦三曾出版過一本書叫《寫給失眠者的心理學》，他在書中說：「有自卑感的人，從小開始就認為是因為自己不夠優秀，而不被周圍人喜歡……**今天的失眠不是因為昨天發生的事，有可能是十幾年來的生活方式，才導致了你今天的失眠**。」

由此可見，失眠來到你床前，有可能是因為某一天的某件事，悄然在內心深處埋下了一顆自卑的種子。平時你都在忙忙碌碌，所以並沒有發現它。一個偶然的契機下，這顆自卑的種子在深夜發芽，讓你失眠。而如果這個問題不能及時解決，那麼它很可能會在日後的生活中不停的折磨你。可見，失眠是一個警示，它在提醒你，有一個心理問題沒有解決。

很多時候，一個人越自卑，就越想獲得周圍人的認同，就會不停的給自己施加壓力。而這樣做只會引發一個後果：失眠。

當你真的失眠時，請不要焦慮，更不要惶恐，因為這些負面情緒只會讓你的失眠更嚴重。**你要做的是坦然的接受它，將它當成是大腦送給自己的禮物，並學會放鬆緊繃的神經**。找到正確排解壓力的途徑，我們就可以睡個好覺。俗話說得好：「**吃飽不如睡好**。」

第二部

成年人的
情緒使用說明書

第五章

找到自己的位置

社會心理學家艾瑞克·艾瑞克森（Erik Erikson）將人的一生分為八個階段，人在每個階段都會扮演一個或多個角色。成功的角色扮演塑造出我們的個性，而失敗的角色扮演則會讓我們情緒失控。我們如果能發揮好角色效應（Role Effect），就能放大自己的絕對優勢。

1 你被賦予什麼角色？

在生活中，我們總是會發現，有的人一直扮演「犧牲者」的角色，他們犧牲自己來成全別人，為別人著想與付出；有的人則天生就是「小霸王」，習慣向他人索取，咄咄逼人，在遇到不如意的事時，這類人會不管不顧，搞得天下大亂，只為獲得一個讓自己滿意或舒服的結果；而有的人則是當「老媽子」的命，他們每時每刻都在為別人操心。

在現實生活中，每個人都以不同的角色參與家庭和社會活動。而這種因角色不同產生的心理或行為變化現象，被心理學家稱為「角色效應」。

例如，一對同卵雙胞胎女孩，外貌特徵非常相似，在同一個家庭中成長，從小學到中學再到大學都在相同的學校讀書，並且在同一個班級。然而，這對雙胞胎的性格卻有明顯區別：姊姊個性開朗、自主意識較強、善於交際、待人主動熱情、解決問題果斷，較早具備獨立的工作和生活能力；而妹妹性格內向、遇事沒有主見、習慣依賴他人、不善於交際，在工作和生活方面遲遲無法獨立。

心理學家對這一現象非常感興趣，經過研究後得出：雙胞胎姊妹之所以性格迥然，主要原因是她們扮演的「角色」不同。

在兩姊妹成長的過程中，父母對待她們的態度截然不同，儘管她們是孿生姊妹，但父母賦予了她們不同的角色：姊姊需要照顧好妹妹，要對妹妹的言行負責；妹妹則應該聽姊姊的話，遇到事情要跟姊姊商量。長此以往，姊姊逐漸具備了獨立解決問題的能力，一直都扮演著保護妹妹的角色，妹妹則扮演著被保護的角色，並且覺得理所當然。

很顯然，因為被賦予了不同的角色，所以雙胞胎姊妹才出現了性格方面的差異。在我們身邊也有這樣的情況，比如許多家庭中的老大，大都在性格方面更加獨立，也更有擔當，不經意間就會扮演照顧人的角色。

不僅家庭關係賦予的角色，會對人們的心理和行為造成很大的影響，社會及團隊賦予個體的角色也是如此。

日本心理學家對某小學五年級的一個班做了一個實驗：這個班共有四十七名學生，心理學家挑選了學習表現不佳的八名學生，將他們任命為班級幹部，並在他們完成工作的過程中進行適當的指導。

一個學期過去了，心理學家發現，這八名學生在班級裡的成績有了顯著的提高。後來新學期選舉幹部時，這八名學生中的六名成功當選為班級幹部。另外，他們還發現這六名新幹部在性格方面發生了積極的變化，比如自尊心、安定感、開朗度、組織能力、協調性、責任心等方面，都有了一定程度的提升。

這個實驗也是一種「角色效應」。一個人被賦予某種角色後，為了滿足社會和他人對這一角色的期望，他們就會下意識的按照角色規範來要求自己，然後以角色期望和角色認知為基礎，採取相應的行為讓自己趨向成功。

男孩子遇到挫折哭泣時，人們會對他說「男兒有淚不輕彈」。男性在性格方面確實比女性更堅強，但究其根本，還是因為男性被社會角色和家庭角色限制，認為自己須隱藏軟弱的一面。

在社會和家庭中，男人大都被賦予強大、敢於擔當的角色，為了跟這種角色形象相匹配，就算遇到挫折和坎坷，他們也常會隱藏自己的脆弱，至少不讓人看見自己的眼淚。讀到這裡的朋友，尤其是男性朋友，是否深有感觸？那麼，你現在正扮演著什麼角色？你的角色扮演又是否成功？

2 擺脫角色衝突

在人生的某個階段，每個人會同時扮演兩個或兩個以上的社會角色，而這些角色之間有時會發生衝突。能不能解決這種衝突，將直接決定社會角色的扮演是否成功。

在生活中，當一個人扮演的兩個或多個社會角色之間，或角色與人格之間不能相容時，就會發生角色衝突（Role Conflict）。當一個人承受來自不同群體、無法調和的壓力，或角色定位模糊時，也容易發生角色衝突。

角色衝突會讓我們進入焦慮、緊張、苦惱、低效率等狀態，而為了消除這種焦灼的狀態，通常我們會擺脫其中一個或多個不相容的角色，以便透過重新定位或協調來減輕壓力。

在漫長的人生中，我們需要扮演各種角色，比如主管、職員、父親、母親、丈夫、妻子、兒子、女兒等。每個角色都跟人的心理健康息息相關。當一個人成功扮演各種角色時，他不僅滿足了社會的期望，還滿足了自己和家人的需求，所以他能過得非常舒適。反之，如果不能勝任各種角色，那麼不但會在不同的生活處境中遭遇挫折，還會因不能解決角色衝突而陷入內耗。

假如我們不能在需要的時候恰當的轉換角色，那麼不管是在心理上還是在行為上，都會出現負面情緒。換言之，為了讓日常的人際關係，尤其是工作中的人際關係更為融洽，這種轉換角色的能力必不可少，即敏銳的觀察出自己在各種情境下需要扮演的角色，並及時做出符合角色身分的行為。

雖然在大多數情況下，人們都能隨心所欲的轉換角色，但為了保證所扮演角色的品質，我們還是需要準確的給自己定位。

角色衝突很容易讓人產生緊張的情緒。研究發現，長時間生活在角色衝突中的人，會出現心率加快、血壓升高等症狀。美國社會心理學家喬治・米德（George Mead）將這種現象稱為「角色緊張」（Role Strain）。角色緊張對社會及個體的身心健康都極為有害，經常使個體產生巨大的心理壓力。

想消除角色衝突，我們可以從以下幾個方面入手：

1. 懂得站在其他角色的立場上思考

思考和解決問題時，不要一味的站在自身角色的位置上，而應當更換角色位置，也就是站在他人角色的立場上，將心比心、設身處地的體驗對方角色的期待，比如需求、遭遇和感受等。舉例來說，丈夫站在妻子的角色思考、妻子站在丈夫的角色思考；部屬站在主管的角色思考，主管站在部屬的角色思考。這樣換位思考容易消除角色衝突，使人際關係變得和諧。

2. 處理好角色轉換

不同的角色擁有不同的權利與義務。在角色轉換後，我們應該對所扮演角色的權利與義務有明確的認識，清晰理解該角色的行為準則，以便適應新身分。轉換角色的速度越快，內耗就越少。

3. 避免角色混淆

不同角色的權利與義務不能混為一談，要區分清楚。比如：跟異性交流時，男性要區分妻子、女朋友、女同事這幾個角色；同樣的道理，女性也要區分丈夫、男朋友、男同事這幾個角色。如果出現角色混淆，那他就會遭遇很多矛盾和衝突。再比如：同一個人，在公司裡是主管，他所做的事是發布命令、指揮別人，但下班回家後，他就要履行丈夫和父親的職責，幫妻子做家務、輔導孩子做功課，並陪伴他們玩樂。

3 聚光燈效應

新的一週開始了，妳剛換新髮型，並改變以往的穿衣風格，穿了一件以前從未穿過的紫色裙子。當妳走出家門後，不管是在上班路上，還是走進公司的大門，都覺得好像所有人在關注自己，對妳的髮型和連身裙品頭論足，這種現象就是心理學中的「聚光燈效應」（Spotlight Effect）。

聚光燈效應是指，人們往往會將自己看作一切的中心，並高估別人對自己的關注度。

對於聚光燈效應，心理學家湯瑪斯·吉洛維奇（Thomas Gilovich）曾做過一個實驗。

在實驗中，他讓一名志願者穿上一件印有喜劇演員頭像的T恤。然後，用等候參加實驗作為藉口，讓這名志願者坐在另外五名穿普通衣服的志願者中間。接下來，讓志願者做出判斷，估計五名志願者中有幾個人注意到他的T恤。志願者說：「大概會有三個人。」然而，詢問那五名志願者後，只有一個人回答注意到這件T恤。

在聚光燈效應的影響下，人們往往會過度關注自我，格外在意自己在公眾場合的表現，為一些自以為是的小尷尬而「無地自容」。

比如，參加同學聚會時，你會為了不小心把飲料灑在自己身上而懊惱；在一個派對上，你會因為撞到服務員而感到尷尬；在員工會議上，你會因為回答不出老闆的問題而感到丟臉。其實，這種負面的心理不過是自我內耗罷了，因為別人根本沒有留意到你所認為的窘態。

受聚光燈效應影響，有些人總覺得自己是大家視線的焦點，自己的一舉一動都被關注著，由此引發一種現象——「社交恐懼」（簡稱「社恐」）。

在人群中，社恐者總是覺得大家都在關注自己，也會不自覺的高估自己的社交失誤。比如：一個人參加宴會，發現自己是唯一沒有為主人準備禮物的人，他可能會感到苦惱。但心理學家發現，別人不太可能注意到個體所受的挫折，即便注意到了也會很快忘記。

通常來說，**其實我們沒有自己想像的那麼重要。在人群中，我們受到的關注也沒有自己想像的那麼多**。因此，我們完全沒必要為自己在公共場合的糗事而耿耿於懷，或因為擔憂被人指責而不敢嘗試做某件事，因為不管你的表現是好還是壞，他人遺忘的速度往往超乎你的想像，甚至一個轉身，他們就不記得你曾經做過什麼了。

總之，無論在什麼場合中，我們都沒有自己想像的那麼重要。因此，無論我們穿了什麼奇裝異服，還是出了什麼糗事，都不用介懷，更不必為此而生出負面情緒。因為真的沒有那麼多人在意，更不會有人一直記得我們身上發生過什麼糗事。專注做自己，莫陷入聚光燈效應的惡性循環。

第六章

當隱藏的社交高手

社交是一門藝術，很講究技巧。不會說話的人，只會用「苦口婆心」、「曉之以理，動之以情」來打動別人，結果被打動的只有自己；而情商高手則會從人的潛意識入手，三言兩語就讓別人變成自己人。在多元化的社會裡，我們扮演著多重角色，若不想當極易自我為難的「宅男」、「宅女」，那就努力當「社交高手」。

1 當社交焦慮成為流行病

有心理學家做了一項調查，詢問被調查者：「你是否因為社交而出現焦慮？」有近一百個人回答。根據得到的答案，發現其中六二％的人都產生了不同程度的社交焦慮。也許，社交焦慮已經成為一種「流行病」。我們身邊就有一些人因為焦慮，而主動減少甚至拒絕社交，變成了大家口中的「宅男」、「宅女」。難道以後大家只能透過社群媒體來交往了嗎？

跟身邊有社交困擾的朋友聊過後，我發現**真正讓他們感到焦慮的並不是社交本身，而是社交產生的結果**。就跟害怕搭飛機、走夜路的人一樣，他們擔憂的也是這件事帶來的結果。害怕搭飛機是怕飛機失事、害怕走夜路是怕遇到壞人，而產生社交焦慮的原因則更複雜。

我們需要清楚了解社交的意義、釐清社交的目標，了解自己和他人，掌握合適的溝通方法，在交流時對他人做出適當的回應……社交是一項複雜的人類活動，無論哪個環節出錯，都會影響人們的社交體驗。所以面對社交，焦慮其實是一種正常的情緒，而且適度的緊張能對社交帶來幫助。

如果社交焦慮有加重的趨勢，即當個人對社交產生迴避甚至拒絕的想法時，我們應該及時自查、剖析，並尋找辦法消除。誰也無法完全擺脫社交，而迴避社交絕不會緩解焦慮，只會更為難自己。

一般來說，**對社交有適度焦慮感的人往往更有交往價值，因為他們對情緒的感知更敏銳、更善於傾聽，也更能理解和體諒他人**，這就是適度緊張對社交的好處。可是一旦這種焦慮超出正常範圍，就會對社交造成困擾，故而我們要找出過度焦慮的原因。

經過分析和梳理，我發現會產生社交焦慮，主要有三個方面的原因：

1. 控制感缺失

跟社交相比，打電動、看電影等個人活動往往更輕鬆自在，因為我們可以選擇和控制的部分更多。而在社交過程中，我們要面對陌生的環境和人，就算是跟認識的人聚會，我們也不能預測和控制交流過程，更不要說可能會遇到的尷尬處境。如果出現話不投機、冷場，甚至矛盾和衝突，怎麼可能不因失控而焦慮？

2. 原有的社交模式不再萬能

從出生開始，我們就有了社交活動，與父母、親戚、鄰居、同學等的來往，都可以叫做社交。隨著不斷成長，我們遇到的人越來越多，社交模式也越來越多元化，沒有一種社交模式可以貫穿始終，讓人無往不利。

在面對須轉變社交模式的情況時，有些人會感到不適，因為以往熟悉的社交技巧不再起作用，這會讓人產生不安和茫然，擔心在新的人際關係中遭遇挫敗。而之前建立的人際交往模式越固化，在需要轉變時，人們的不適感就會越明顯。

3. 外界評價的壓力

假如前兩種原因相對因人而異，那麼擔心外界評價可說是比較常見的原因。不得不說，外界評價給很多人帶來了壓力。許多人都擔心自己表現得不夠好，不能讓他人喜歡，因此試圖展示自己並不具備的性格特質，故而產生了很嚴重的社交焦慮。

比如：甲擔心別人評價自己不大方，所以總是搶著買單；乙擔心別人說自己無趣，所以努力搜尋各種笑話；丙擔心別人覺得自己的負能量太多，所以不敢向他人吐苦水……長期在社交中勉強自己、違背自己的心意，又怎麼能不產生焦慮和感到疲憊？

當然，還有其他原因會引發社交焦慮，比如不良的情境、生活中的壓力和錯誤的自我認知等。不管是什麼樣的原因，都有辦法緩解焦慮。找對方法後，我們會發現自己原來是隱藏的社交高手，只是之前太不了解自己，又太沒自信。

當社交焦慮來襲時，我們可試著了解它。具體上可從以下方面著手：

1. 坦然面對，承認焦慮的存在

有的人拒絕承認自己有社交焦慮，總是找一些理由來迴避社交，比如加班、身體不舒服、家裡的狗生病等，其實這樣做只會讓焦慮越來越嚴重。當社交讓你感到無比緊張時，別急著逃避，應該坦誠且明確的對自己說「我有社交焦慮」。焦慮是普遍存在的，承認社交焦慮並不丟人，有問題就要坦然面對。

2. 確定產生焦慮的原因

假如是暫時性的焦慮，由剛發生的具體問題引起，那麼可以不予理睬。但假如是由前面所說的三種原因引起的焦慮，便要對症下藥。

對於因「控制感缺失」而焦慮的人來說，首先要認識到一點，那就是你可以控制的只有你自己。就像驟然而至的大雨、意外的交通堵塞、突然的工作變動，生活中總會有你掌控不了的部分。我們能做的不是改變不可操控的部分，而是試著接受它們的存在，並調整能控制的因素，比如自己的心態和溝通方式。

社交活動就是訓練場，只有努力適應控制感低的社交場合，並在不斷調整中掌握不可控部分的應對技巧、提高掌控感，才能不因焦慮而內耗。

假如是「須改變社交模式」引起的不適，我們可以透過**多參加不同的社交活動，觀察和學習別人的應對方式來改變**。其實，社交高手都是從模仿在人際交往中如魚得水的人開始。由於社交焦慮已經讓我們形成錯誤的認知，想打破這種桎梏，就必須充分適應社交場合。當對社交活動感到自如後，適應感會越來越強，焦慮感也會越來越低。

「擔心外界評價」的人需要學習如何做更真實的自己，而不是練習如何在他人面前維持良好的形象。裝出來的優點遲早會被看穿，更何況我們並不靠他人的評價立足，每個人都有自己獨特的優點，要表現真實的自己。

3. 試著跟焦慮共處

對於有些人來說，社交焦慮可以減輕，卻不能消除。難道這些人就無法有正常的社交活動了嗎？當然不是。接納社交焦慮，把它看作人生的一部分，就可以不受困擾的享受社交。

當嘗試了各種辦法，仍不能在社交中感到舒適和輕鬆時，你不妨總結一下經常令你感到緊張的事是什麼、這些事會給你帶來什麼結果、怎麼做能避免糟糕結果出現。有可能經過分析後，你發現，初次跟人見面時你會焦慮，但當多次和這些人見面後，你徹底了解自己的焦慮來源，並有了應對之法，便不再焦慮了。

除了找到焦慮之源並想到應對方法，還可以透過釐清自己的社交期望來緩解焦慮。一個人參加聚會往往都有原因和期待，這便是你的社交期望。這些期望可以讓你不再過度關注自身的焦慮。因此，在社交中，如果把更多的注意力放在社交期望上，那焦慮就會被擠到角落。

假如你也遇到社交焦慮的問題，請不要過度擔憂，因為焦慮並不可怕，可怕的是你不接受焦慮、不知道自己為何焦慮。假如你能徹底搞清楚焦慮的來源，並願意面對它、接受它，並想各種辦法緩解它，那麼你將能放過自己，擁有輕鬆舒適的社交氛圍。

2 成年人的社交祕訣

有些人作為成年人，其社交行為卻缺乏分寸感和邊界感，往往給他人和自己都帶來困擾。有些人總是踰矩去接觸和要求別人，以致給別人帶來很多麻煩，而自己也由於得不到想像中的回應而對別人產生不滿，進而雙方都會陷入內耗。

為了把握好與人交往的尺度，有幾條成年人該知道的聊天祕訣，提供給大家參考：

1. 盡量不過度對他人提要求

過度對他人提要求，不符合成年人的社交禮儀。孔子說：「己所不欲，勿施於人。」指自己不願意做的事，就不要要求別人去做。其實，就算「己所欲」也應該「勿施於人」，自己願意去做的事也不要要求別人去做。

古語云：「嚴於律己，寬以待人。」現在有些人卻是「寬於律己，嚴以待人」，對自己要求特別寬鬆，對別人要求卻很嚴苛。有些人過度要求別人，出發點卻是讓自己更舒服，還包裝成「社交禮儀」。

比如：有的人喜歡聽到「可以」、「好的」、「知道了」，不喜歡聽到「嗯」，覺得這個字很冷漠，好像被對方拒人於千里之外，於是要求對方換個詞語來表達。其實，這只是當事人的感覺罷了，對對方來說，「嗯」跟「可以」的意思一樣。所以，第一條聊天祕訣就是盡量不對別人提要求。

2. 價值觀不一致，切忌強行說服

世界的精彩就因為它的千姿百態，你我的獨一無二則是源於複雜多樣的思想。可惜總有人試圖評判別人，說服別人按照自己的想法思考。

請記住，在成年人的社交圈子中，強行說服別人非常惹人厭——我的價值觀不需要你認同，但你一定要尊重且不妄加議論；我不要求你理解和接受，但你要求同存異。

在人際交往中，將自己的觀點強加給別人是非常令人反感的行為，如果價值觀不一致，千萬不要強行說服別人。

3. 可以看不慣，但不要貶低別人的喜好

俗話說「青菜蘿蔔各有所好」，但有的人不能理解，他們會隨意貶低別人喜歡的人或物，好像只有這麼做，才能彰顯自己的正確性和優越感。遇到這樣的人，很多人會失去與他們交談的欲望。

因此，為了不成為讓人討厭的人，我們要時刻提醒自己，當遇到別人的喜好與自己不同時，我們可以看不慣，但千萬不要貶低，想暢所欲言也要注意場合。

4. 盡量少麻煩別人

「舉手之勞」不過是朋友的客套話，不是我們麻煩別人的理由，況且就算舉手之勞也要付出精力和時間。所以，不管親疏遠近，盡量少提會使別人為難的請求。每個人都有自己的生活，如果確實需要幫助，最好說明原因或與此相關的利益。

能自己做的事盡量自己做，能不麻煩別人就盡量不麻煩別人，因為大家都很忙，給別人增添不必要的負擔是自私的行為，很傷感情。

5. 不要對別人的生活指手畫腳

我們的身邊總有一些人喜歡對他人的生活指手畫腳，告訴別人應該怎麼做、不應該怎麼做，即便自己的生活一塌糊塗，也忍不住要對他人提意見。特別是有些人習慣傳授自己的人生經驗，彷彿只有他說的那條路才是康莊大道，如果對方不屑一顧或反對，他就開始冷眼相待。這些人這樣做時，恐怕是忘記了，在成年人的社交中，非常忌諱對別人的生活說三道四，尤其是傳遞人生道理。管好自己已經很不容易了，與其對他人指指點點，不如把自己管好，安靜做個榜樣。

這些道理相信大家都懂，總之，我們不要想著當誰的人生導師，也不要隨意評論別人的人生，在社交中請盡量克制自己提意見的欲望，多尊重對方的想法，才能友好交流。

3 不要對別人抱有過高期待

在和他人交流時，你會注意自己的情緒嗎？假如你從未注意到情緒在社交中的作用，那你可能較不擅長社交，使你經常為此苦惱，甚至陷入無休止的內耗。

想改變這種狀況，就要充分重視情緒的作用，好好利用它，讓它發揮出巨大的社交力量，如此一來，在與人交流時就會變得遊刃有餘、無往不利。

重視情緒的作用，掌握好以下幾條溝通法則，你就會成為一個情緒有力量的人，變成社交高手：

1. 不輕易下結論

無論面對的情形有多麼緊迫，都不要輕易下結論，一定要再想想，因為急於論斷往往會下錯結論。

美國作家馬里傑．斯比勒．尼格寫過一篇〈多看了一眼〉的文章，他在文中說：「年輕時，我自以為了不起，當時我計畫寫本書，為了在書中加入地方色彩，就利用假期出去找靈感。我打算在窮愁潦倒、懶散混日子的人當中挖掘主角，而我相信能找到這種人。

「有一天，我真的發現了這麼一個地方，那個莊園一片荒涼破敗，裡面有衣衫襤褸的男人和面容憔悴的女人在行走。最令我興奮的是，我還看到了想像中懶散混日子的主角——一個滿臉鬍鬚的老者，身穿一件褐色的工作服，半坐在矮凳上為一塊馬鈴薯地鋤草。在他的身後是一間連油漆都沒刷的小木棚。

「我馬上轉身回家，恨不得立刻就坐在打字機前。而當我經過小木棚，在泥濘的路上拐向門口時，又從另一個角度多看了一眼老者，這時我下意識的停了下來。原來，從這裡看過去，我發現老者的旁邊靠著一副拐杖，他的一條褲腿空蕩蕩的垂著。頓時，那位剛才還被我定義為好吃懶做混日子的人物，就變成了一個百折不撓的英雄形象。」

尼格說：「**從那時起，對只見過一面或聊上幾句的人，我再也不敢輕易做出判斷和下結論了**。感謝上帝，讓我回頭多看了一眼。」

在社交過程中，我們的嘴不要比思想更快，多思多想都不一定能看穿真相，更何況是在情急之下，結論又能有幾分準確性？所以，無論是重要場合還是日常溝通，我們都要盡量避免受情緒支配而下結論。

遇事莫慌，千萬別因為一時衝動而草率的做決定。假如很難借助手裡的線索或自己的認知得出結論，那麼不妨先保持沉默，然後請教他人。避免失誤也是一種成功。

2. 不要對別人抱有過高的期待

不管眼下的情況多麼順利，我們都應盡量降低期待值，尤其是不要對別人抱有過高的期待。不抱希望就不會失望，這是一條社交真理。

對別人期待過高，我們就容易感到失望、生氣，跟對方相處起來也不那麼和諧。哲學家阿圖爾·叔本華（Arthur Schopenhauer）在他的著作《人生的智慧》（*The Wisdom of Life*）中提到：「如果有人完整的接受了我的哲學教誨，並因此明白我們的整個存在就是有不如無，而人的最高智慧則是對這一存在的否定和抗拒，那麼，他就不會對任何事、任何處境產生巨大的期待，不會熱烈的追求這世間的一切，也不會強烈抱怨計畫落空和事業失敗。相反的，他會牢記柏拉圖的話——沒有任何人和事值得我們過度操心。」

3. 在有原則的前提下，可以隨方就圓

在不觸碰原則和底線的前提下，假如遇到一些無關痛癢的小事，完全沒必要感情用事。

隨方就圓是一種社交智慧，能讓我們跟周圍人打成一片，很順利的融入群體。當對方發表的觀點跟我們完全相悖時，應該聲嘶力竭的辯論嗎？應該

要求對方認同我們的觀點嗎？社交語言不應該有攻擊性。一個人的情緒出現起伏時，很容易說出傷人的話。與其與人針鋒相對，不如隨方就圓的和人交流，如此一來自己的情緒也就穩定了。

總之，在與人交往中，如果我們能好好發揮情緒的力量，讓自己說出去的每句話都有力量、都得體，那我們就能成為合格的社交高手，從而成就更好的自己。

4 內向的人，更容易創造高品質社交

很多內向的朋友都會提出靈魂拷問：內向不好嗎？內向怎麼辦？

我們不得不承認，有些人從出生就陰鬱、敏感、脆弱，容易因挫折而憂鬱；有些人則一出生就像中了「好心情彩券」，天生樂觀、神經大條、勇敢自信。人生來性情不同，但社交對現代人如此重要，那是不是意味著天生內向的人，不容易獲得幸福？假如生來內向，有機會成為容易開心的人嗎？能透過自己的努力提升社交能力嗎？

心理學家馬汀・塞利格曼（Martin Seligman）在他的著作《真實的快

樂》（*Authentic Happiness*）中，提過一個公式：快樂指數＝五〇％天生的快樂幅度＋一〇％現實環境和個人際遇（例如：升職、加薪、買房、買車、結婚等）＋四〇％個人控制範圍（自願控制的因素）。

可見，決定一個人快樂指數的關鍵，除了五〇％的先天基因，還有五〇％的後天因素。也就是說，我們的性格和處事方式是可以改變的，比如想做什麼、不想做什麼、如何看待生活的各個方面，都可以透過後天的經歷和努力改變。

人們常說：「性格決定命運。」但在心理學家看來，**決定命運的並不是性格，而是我們怎麼看待自己的性格**。不管你是哪一種性格的人，都無法改變先天基因。但只要好好利用自己的性格優勢，就可以過得更幸福。

遺憾的是，性格內向的人一直被人們認為很難擁有更好的生活。但事實證明，他們被嚴重低估。

在五大性格特質理論（Big Five personality traits，一種用於研究人格的五因素分類法，包含經驗開放性、盡責性、外向性、親和性、神經質）中，天生「外向性」得分比較低的人通常被稱為內向的人。在社交過程中，內向跟外向的人有一個明顯的區別：內向的人喜歡透過獨處來釋放壓力，外向的人喜歡借助跟可靠的朋友見面、聊天來放鬆。也就是說，內向的人對廣泛的社交會產生抗拒的心態。

從某種程度上來說，性格的內外向程度直接關係到社交的廣度。然而，社交廣度不等同於社交品質，跟誰都能簡單的聊幾句不代表社交品質高。心理學家發現，「注意力在哪裡」才是高品質社交的關鍵，對此，內向的人擁有自己獨特的優勢。一般情況下，性格內向的人比較敏感，所以他們更具備同理心，更看重人際和諧，即「親和性」比較高。

在社交場合，內向的人容易焦慮，但他們實質上並不會受到傷害或指責，他們只是因為過度思慮或為別人考慮過多，才產生了一些負面和消極的情緒。

內向的人雖然覺得社交很累，但這並不意味著他們不善於社交。相反的，內向的人因為不積極反而更招人喜歡。內向的性格使他們更冷靜、更細膩，所以社交時的「親和性」更高，表現也更可圈可點。而熱衷於社交的外向型人，儘管喜歡跟他人一起消磨時光，卻容易出現「朋友很多，好朋友卻很少」的情況。

可見，**內向的人不但會社交，還容易創造高品質的社交**。而發揮自己性格內向的優勢，則是維護高品質社交的關鍵。

當你將內向的性格轉化成建立高品質社交的優勢時，就可以此為出發點，成功建立諸多的良性社交關係，令跟你接觸的人都感到輕鬆舒適。

5 被批評了，你會往心裡去嗎？

對大部分的人來說，被批評多半會導致負面影響，使人心情失落、難過或氣憤，甚至造成情緒失控，之後引發嚴重內耗。一生很長，誰都會犯錯，就算是一直表現優秀的人，也會有表現不佳的時候，從而收到消極的回饋。可見，我們誰都不能完全避免被批評。因此，被批評時如何面對，避免因負面情緒而導致自我折磨，就對我們很重要。

美國前總統安德魯．傑克森（Andrew Jackson）說：「批評你的人通常是你最好的朋友，因為他讓你在做事時更加小心謹慎。」但在現實生活中，人們往往很難坦然的面對批評。因此，如果你被批評了，請試著靜下心來重新審視自己，並試著理解批評背後的含義。

在職場中，我們偶爾會遇到一些有挑戰性的工作，比如：主管交代你做你沒做過的工作。因為不是很有把握，擔心在做的過程中出現什麼差錯，又害怕最後因沒能做好而被主管批評，所以一直帶著緊張、焦慮的情緒。我們都知道，緊張、焦慮的情緒會嚴重影響能力正常發揮，而越擔心受批評，就會越緊張、越難做好主管交代的事情。

在日常生活中，我們也可能會被陌生人抨擊。比如：我的朋友唐小姐是個新手司機。有一次，她在商場停車時，因為倒車不是很熟練，所以來來回回折騰了好久，後面那輛車的司機等得不耐煩了，於是下車走到她旁邊，語氣很差的說：「新手就不要出來了，這不是給大家添麻煩嗎？」唐小姐聽到後趕忙道歉。她原本是高高興興的來逛街購物，但因為被批評，心情受到影響，一整天失去興致，甚至不想再開車了。

既然批評造成的影響如此嚴重，那麼我們為什麼不能坦然的面對？

批評這一行為是複雜的，有可能基於評判是非對錯，也有可能基於個人的某種立場或角度，所以有對錯的區別，並分為建設性及非建設性。

所以，我們要學會判斷批評，或換句話說，**我們需要判斷批評是否值得往心裡去**。這樣我們才能保護自己的情緒，不會因為被批評了而內耗。如果我們能將批評變成自己的武器，心理就會越來越強大，工作和社交能力也都會越來越出眾。

被批評了，我們可以試著讓批評為自己所用，而不是只顧著心裡不舒服。以下有幾點建議送給大家：

1. 保持心態平和

無論是來自誰的批評、針對哪方面的批評，也無論對方是什麼樣的態度，我們都要保持冷靜和理智。這一點說起來容易，但做起來很難，不過它是正確面對批評的基礎。

2. 明白批評有對錯之分

批評不一定都客觀且正確，我們要學會區分對錯，而不是一股腦兒的全部往心裡去。這裡強調的是有分析能力，被人批評時要自己動腦筋去思考，而不是惱羞成怒或羞愧難當。

3. 學會分析批評的真實意圖

批評都有其背後的目的，不一定單純為了指出你的不足或缺點。批評者往往將自己的真實意圖掩藏在批評的背後，以此來表明自己的公正，而實際上批評只是他們想要達到目的的一種手段。假如你將批評者的話簡單當作對自己的批評，那你就掉進了他們的社交陷阱。

4. 虛心接受有建設性的批評

假如確定是客觀的批評，那就要將批評的內容跟自己的實際表現連結，反思自己到底哪個環節出了問題，進而制定跟自己情況相符合的改正方案，讓批評變成一種激勵。有人指出我們的錯誤，而我們能虛心接受並改正，這不僅能讓我們快速進步，還能得到批評者的認同。假如人人都奉承你、讚賞你，那你更需要多多自省，以免因驕傲而止步不前。

偉大的繪畫大師巴勃羅・畢卡索（Pablo Picasso）年輕時，最初夢想是成為優秀的詩人，並非常熱衷於詩歌創作。著名詩歌評論家葛楚・史坦（Gertrude Stein）看了畢卡索的作品後，公開批評：「畢卡索先生的創作根本不算詩歌，只不過是將不同的短句組合，他真的沒有寫詩的天賦，我覺得他應該繼續繪畫。」

畢卡索知道這件事後，不僅沒有生氣，還認為史坦的話猶如醍醐灌頂，讓自己豁然開朗，如夢初醒。於是經過認真思考，他決定不再在自己不擅長的詩歌上浪費時間，重新專注於繪畫。就這樣，畢卡索重新拿起了畫筆，儘管沒有成為優秀的詩人，但成了偉大的畫家。

所以，當被批評後，我們不要急著往心裡去，不論是立刻反駁、自責或羞愧，都只會讓自己產生負面情緒。我們應該客觀的分辨批評的性質，如果批評是正面、正確的，就坦誠接受並改正，讓自己遠離無謂的內耗。

6 高情商的人說話都有目的性

我們可能很常聽到朋友因社交失敗而訴苦：「我和大學同學絕交了，我很後悔，不該說傷人的話。」、「跟客戶溝通修改意見時，我居然沒控制好情緒，把事情搞砸了。」、「我和男朋友吵架了，我知道自己有錯，但就是拉不下臉來跟他認錯。」

社交的過程主要是說話交流。**如果我們學會帶著目的去說話**，就能解決其中的很多問題。一方面，可以避免話說太絕，即便情緒湧上，只要記得自己的目的就能好好說話；另一方面，把目的放最優先，情誼、面子、真相和氣憤所帶來的困惑就會不攻自破。

很多人覺得，高情商（Emotional Intelligence Quotient，縮寫為ＥＱ）就是會說話。那麼，怎麼說話才算是會說話？會說話是指說話有目的性，根據目的有效率的說話才是高情商。

可能有人會覺得，帶著目的說話會很累，而且功利性太強。的確，帶著損人利己的目的，或為達目的不擇手段的人都不被他人所接受。而實現雙贏的正當目的，或手段正當、方法得當的美好「心機」，會讓我們的社交能力越來越出眾。

可見，說話有目的性並不是讓我們偽裝、刻意迎合別人，而是將自我訴求和對方需求綜合考慮後，選擇效率更高、誤會更少的說話方式。

如果說話沒有目的性，可能會因為說話對象、情緒或意外，很容易說著說著就離題了。此時溝通效率低於正常、溝通效果低於預期，還要收拾糟糕的情緒和事態，不是更累嗎？因此，我們說話必須帶有目的性。

不過，當帶有目的性的說話時，我們要注意兩點：一是在接收別人的觀點時，綜合發言者的立場和目標受眾，然後深入的思考觀點，並且保持大腦清醒和邏輯清晰，就不容易盲目的認同對方，或狹隘的一味抗拒；二是不僅在職場中或對外人說話要有目的性，跟親近的人說話也不能忘記。只有目標明確，才能思考出達成目標的最佳話術。

第七章

讓親密關係升級

幾乎每個人生命中面臨的問題，都跟原生家庭有關係。我們每個人的特質、性格、看待事物的方式，也多多少少會被原生家庭影響。有些心靈上的黑洞還會波及我們的新生家庭，甚至「遺傳」下去。你還在因為父母的愛恨情仇，而不肯放過自己嗎？你找到升級親密關係的情緒密碼了嗎？

1 跟原生家庭和解

相信很多朋友都聽說過「原生家庭」這個詞，這是一個社會學概念，指一個人出生和成長的家庭。而我們成年後跟伴侶建立的家庭，則叫做「新生家庭」。

一個人跟父母的相處方式，會潛移默化的影響其成年後跟新生家庭的相處模式，也會在一定程度上影響他跟外界的互動方式。一個人如果在糟糕的、沒有愛的原生家庭中長大，那這種缺愛的相處模式也可能會延續到新生家庭，世代輪迴，讓很多孩子都不快樂。

糟糕的原生家庭會讓我們的內心出現「黑洞」，造成無法估量的內耗。我們該如何消除原生家庭的影響？父母「傳承」下來的相處模式可以改變嗎？怎麼和經常起衝突的父母溝通？以下給大家七點建議：

1. 原生家庭不是「痛苦之源」，而是了解自己行為和處事模式的重要途徑

和我們一樣，我們的父母也有屬於自己的原生家庭，他們有可能無法避免原生家庭帶來的創傷，而且無法走出陰影，更不用說幫我們遠離陰影了。

所以，分析原生家庭帶給自己的影響，並不是為了抱怨和指責父母，因為他們養育我們，已經是盡職盡責了。追溯原生家庭的成長經歷，目的是為了分析和了解自己的心理機制，消除和修補潛意識裡的陰影和黑洞。這樣能讓我們更順利的做自己，消除怨恨。

2. 試著自我療癒

了解自己的心理機制後，我們可以試著按照自己期待的方式來彌補。比如：有名女性從小很少被表揚，所以也下意識的害怕犯錯，對自己特別嚴格和挑剔，這讓她很不快樂。當了解到這一點後，她開始試著表揚和鼓勵自己。不必是很大的事，就算只是炒了一盤好吃的菜、學會一首新歌、工作進展得順利，或房間整理得乾淨舒適，她都會表揚自己。儘管有時感覺挺可笑的，但有意識的自我表揚後，她內心那個完美主義的自己變得更溫柔了。

自我療癒確實能自我救贖。無論在成長中你經歷了什麼，**請你先試著善待自己**，這樣才有機會善待他人。內在力量充實的人才能修補心靈黑洞，消除童年陰影。向外、向父母索取的人，不僅容易期待落空，還會陷入自我嫌棄的折磨。

3. 回憶原生家庭的幸福體驗

人們往往對問題、麻煩和糟糕的體驗印象較深，習慣關注內心的痛苦、孤獨和不愉快的遭遇，而這也是幸福感不高的重要原因。

在我們塑造性格的過程中，原生家庭一定也帶來過很多幸福的體驗。我們可以靜下心來，或跟父母一起，回憶曾讓自己開心的小事和溫暖的經歷；尋找性格中的優點，並回憶它們跟哪些成長經歷有關。

這些回憶告訴我們，原生家庭中也有快樂，讓我們能客觀的看待自己的成長、優勢和弱點。

4. 正視原生家庭對你的影響

當正視原生家庭的影響時，我們就能客觀的看待人事物及親密關係。如果你想發掘原生家庭對自己的影響，可從以下問題入手：

- 你的家人都如何面對壓力？你也是如此嗎？
- 在夫妻關係上，你的父母做出了哪些榜樣？
- 你在原生家庭中扮演什麼樣的角色？很多事情是自己做決定，還是聽別人的？這對你的新生家庭有什麼影響？你跟配偶的角色會因環境的需要而變化嗎？

・家人的人生觀是悲觀的還是樂觀的？原生家庭帶給你什麼樣的價值觀？跟你配偶的價值觀是否有衝突？

・你有哪些行為、態度或想法刻意和原生家庭相反？是想要消除父母的某些負面影響嗎？你的這些行為是否存在矯枉過正的現象？

・你在原生家庭中更傾向於尊重誰？這對你的婚姻有哪些影響？婚姻出現問題時，你會尋求其他家庭成員的幫助嗎？

5. 學會跟父母溝通

原生家庭帶來的困擾中，最常見的就是無法跟父母溝通：「為什麼他們不能換一種教育方式？為什麼他們聽不進我的話？為什麼父母固執己見、控制欲強？為什麼我感受不到父母的愛？」

溝通中之所以出現激烈的矛盾與衝突，很多時候並不是因為沒有愛，而是溝通方式不對。雙方都有各自的立場，訴求也不一樣，在這種情況下要怎麼溝通？

跟父母溝通，最重要的是區分情緒和真實的訴求。在跟人溝通時，假如試圖讓對方按照我們的意願行事卻被拒絕，往往會造成情緒化和內耗。這時，我們溝通的內容不再是具體的訴求，而是變為雙方的情緒衝突。

比如：當父母不同意我們做某項工作、某件事時，他們的真實訴求是希望我們的生活更安穩，但假如溝通不暢，訴求就變成：「你這個不聽話的孩子！」同樣的，當我們想獲得更多空間和自由時，其實是希望父母能享受自己的生活，別為我們太過操心，結果卻變成：「你們一定要控制我嗎？管好自己不行嗎？」

跟父母溝通，**切忌用情緒溝通，而是應該先溝通情緒**。在溝通的過程中，大家可分成以下三步進行：

- 先溝通情緒。把自己現在的感受及產生這種感受的原因說出來。比如：「我現在很生氣，我需要冷靜一下。剛才你說的那句話讓我很傷心，希望你不要再對我說這種難聽的話。」

- 尋找原因，互相理解。對此，須回答這幾個問題：為什麼會吵起來？這次對話的初衷是什麼？父母希望你怎麼做？你希望父母怎麼做？父母為什麼要求你這麼做？你為什麼不願意這麼做？彼此能不能互相理解？
- 探討解決方案。和父母討論是否有大家都能接受的方案，假如沒有，那怎麼做能讓雙方都滿意？大部分家庭都希望能彼此支持、融洽的交流以及和睦的相處。所以在跟父母溝通時，我們應該先認可和釐清這個目標，然後互相包容、理解，想辦法朝同一個方向努力。

6. 建立良好的親子關係

一位心理學家提出，想建立良好的親子關係，父母必須滿足孩子以下四種需求：

- 安全需求。確保孩子人身安全，培養孩子應對挫折和憤怒的能力。
- 照顧需求。滿足孩子食物、居所和情感的需求，讓孩子學會依戀、共情和理解。

- 控制需求。幫孩子制定明確的規則和限制條件，然後以此標準來監督、獎懲。
- 智力開發需求。在進行親子交流和互動時，適時的給孩子提供符合年齡的挑戰。

對孩子的安全需求和照顧需求，父母應該保持敏感並積極滿足，這樣才能讓孩子形成安全的依戀模式。

7. 跟原生家庭和解，建立新的親密關係

人們常會陷入一種情緒：「父母不理解我，所以我無法修復內心的黑洞。」原生家庭帶來的創傷，似乎只有讓父母認錯、內疚才能平復，不然會一直存在——我們有這樣的想法，其實是在為自己的不開心找藉口。因為過去是無法改變的，**對童年的回溯只是為了讓我們更了解自己，而不是向父母**

問責。

成年後，我們要做的是跟過去的自己和解、跟父母和解，然後重建跟自己和家人的相處模式。這種親密關係的建立需要相互理解、大量的溝通，更需要處理好過程中的衝突與摩擦。相信你和你的家人都有這樣的意願和同理心，並願意一起為了家庭的和諧及良好的親密關係而努力。

2 熱戀過後，自然度過冷淡期

你有沒有經歷過戀人的冷漠對待？比如：他好幾天不回訊息、不接電話，回應也很冷淡，或突然不主動聯繫你，找一些藉口拒絕交流和見面，面對質疑也毫無反應或敷衍了事，甚至反脣相譏說你哪裡表現差勁。

任何一對情侶都不可能一直處在熱戀中，激情和新鮮感褪去後，倦怠期就會出現。人們會感到厭倦、無趣，迴避熱戀時的親密，想擁有一定的個人空間。有時是客觀因素，需要去處理之前因戀情而耽誤的工作；有時是主觀因素，想要一些私人時間來調整自己的狀態。

當戀人說想自己待幾天或想減少見面次數時，大部分人的反應是追根究柢：「為什麼不能見面？你怎麼了？出了什麼事？還是我哪裡沒有做好，你生氣了？」假如對方告訴你，並沒有發生什麼，只是想自己待一會兒，你肯定覺得不合理。但你不用太緊張，參考以下內容行動，會讓你更輕鬆：

1. 保持理解的態度

可能你還在熱戀期，但對方不再熱情似火。其實這很正常，要知道，每個人都有自己的節奏，就跟考試快結束時，總有人會在考試結束響鈴前離開，想趕快呼吸幾口新鮮空氣。因此，當你的戀人說他想一個人待著時，你就平心靜氣的告訴他，你能理解他的心情，願意給他獨處的時間和空間。

2. 給對方調整的時間

這段時間對方也許需要一點時間，來重新認識自己、思考你們的關係，或他還沒有完全適應這種親密無間的關係，正好可以在這段時間調整。冷漠的一方可能沒有新的計畫，只是跟原來一樣，約朋友、同事打電動、吃個飯，或跟單身時一樣宅在家裡。這種簡單的回歸會讓他意識到，他還可以有獨立空間和個人生活，而這些在熱戀期似乎已經消失。

這表明，就算是在熱戀中的人，也需要有自己的時間和空間。當他們意識到和另一方的關係太親密，且這種親密關係幾乎占據了所有時間時，他們可能就會有些慌亂，並覺得自己有必要冷靜面對和另一方的關係，讓自己透一口氣，並順便確認即使自己在熱戀期，也不會丟掉之前的習慣和正常的社交圈，也沒有被束縛，從而讓他們找回心底屬於自己的安全空間。

3.給自己一段獨處的時光

在熱戀期，情侶很容易忽略一些問題，無限放大戀人的優點，但時間長了就會暴露很多問題。這些問題其實一直都存在，只是被熱戀的激情蒙蔽。所以，你也需要一段時間重新審視熱戀中的自己、跟戀人的關係及未來。利用冷淡期的獨處時光，你可以思考在以後相處中需要注意的問題、你對戀人的期望和要求。

同時，要利用這段獨處時光好好善待自己。發展興趣、參與社交活動也好，跟朋友喝咖啡、逛街也好，你要讓自己有事可做。要記住，過好自己的生活才最重要。

4. 適度溝通和約會

冷淡不等於徹底切斷聯繫，有必要適度的溝通。你可以表達關心、問候，也可以進行生活上的必要交流。你也可以告訴戀人自己在做什麼，讓他知道你可以適應獨處。獨處期間可以偶爾見面，但約會要更有品質，不要為了約會而約會，如果兩個人見面後無事可做，那雙方可能會越來越疏遠。當感覺戀愛沒有意義時，戀人會更想回到獨處空間。

假如順利的話，也許不需要你做什麼，兩個人會自然度過冷淡期。你們可能會比熱戀時見面少，但你們的戀愛生活會更有規律、更有節制。假如冷淡期持續得有點久，那你也可以理性的跟對方交流，溝通你意識到的問題和改變現狀的辦法。

總之，你應該**先過好自己的生活，並讓對方知道你過得不錯**，在獨處時間反省你們的關係和自己的問題，然後進行理性溝通。以下破壞關係的情緒化行為，請盡量避免：

1. 急著下結論

戀人表現冷淡，大部分人會滿頭問號：「他為什麼不跟我聯繫？」、「他上週不是這樣的，為什麼突然變冷淡了？」由於這些疑問需要時間和證據來驗證，所以你會越來越困惑。你覺得不是自己的問題就是戀人的問題，要麼責怪自己，認為自己做得不夠好；要麼責怪對方，認為他變心了。

不管你的想法屬於哪一種，只要開始猜測原因，就表示你已開始折磨自己了。所以，不要急著下結論，時間還沒到，這是戀愛關係當中必然會出現的階段，請先過好自己的生活，時間會給你答案。

2. 以冷制冷

有的人自尊心特別強，戀人表現冷淡，他會認為「你這麼對我，我也這樣對你」、「你不理我，我也不理你」，甚至當戀人主動示好時，他會有一種叛逆心理：「你現在又變得熱情了？我還不想理你呢！」假如你真的不想再跟對方相處，可以提出分手。但凡你還想走過冷淡期，跟對方繼續交往，那請千萬別以冷制冷。戀愛不需要較量，而是需要溝通與理解。

3. 急於證明自己的存在

在冷淡期，有的人會用各種形式來喚起戀人的關注，但又不能直接跟對方聯絡，只能藉由社群媒體來展示自己，希望打破冷漠、重燃熱情。比如：在社群媒體分享生活和情緒，證明自己現在過得很好，甚至比熱戀時還要好；或證明自己很痛苦，一副沒有對方就活不下去的樣子。這兩種行為都有些過火，確實能讓戀人注意到你，但也很容易引起對方的反感。

過激的語言也會適得其反，比如「我一個人同樣精彩」、「沒有你，我的生活更好」等言語，會傷害戀人的自尊心。正確的做法是，比平常稍顯積極，讓對方知道你能處理好自己的生活，同時你積極樂觀的態度又能激發戀人對你的關注。

前面說的都是新鮮感褪去後引發的冷淡，是比較常見的情況。假如對方的冷暴力超過一個月，你主動示好和溝通交流都沒得到回應，那麼基本上你可以考慮結束這段關係了。就心理感受而言，主動選擇比被動接受更讓人舒服，**尤其是問題在對方身上時，你主動提分手會讓自己處於心理上的主導地位**，也能更快的投入新生活。

戀愛不像電視劇裡演的那樣，我們很難把握戀愛中的節奏和分寸，也很難運籌帷幄或提前布局。戀愛作為一對一且具有唯一性的社交活動，需要我們保持理性，遠離情緒化的內耗行為。

3 所有人都生活在自己的過去中

小說《麥迪遜之橋》（*The Bridges of Madison County*）的作者羅伯特·沃勒（Robert Waller），在這部作品裡說：「**所有人都生活在自己的過去中**，我們會用一分鐘去認識一個人、用一小時去喜歡一個人、用一天去愛上一個人，然後，卻要用一輩子去忘記一個人。」因為沒有一起走到最後，所以我們要花時間忘記曾經的愛人。愛情很難，它曾難倒無數英雄好漢；愛情很美好，它讓每個人為之奮鬥不息。

心理學家做了一個實驗：把一隻跳蚤放進玻璃杯裡，跳蚤可以很輕鬆的跳出來。實驗了很多次，都是同一個結果。根據測試，跳蚤可以跳的高度是牠身體的四百倍。後來，心理學家又把跳蚤放進杯子裡，並在杯子上方放一個蓋子，這次跳蚤無論如何都跳不出來。後來，心理學家把蓋子拿走，跳蚤卻還是無法跳出杯子。

這就是關於「心理限制」的實驗，它是人無法取得成功的一個原因。你不能突破自己，無法擁有圓滿的愛情，其實也是因為你默認了最後的結果：我的戀愛無法成功。**你的信念支配了你的行為，決定了你是否會遇到合適的人，以及能否發現更好的相處模式**。

現在請反思一下：**你的信念有沒有阻礙你獲得圓滿的愛情？**你是更渴望得到愛情，還是發自內心的認為自己不會遇到真愛？假如你認為自己不會找到伴侶的信念更強的話，那你可能就一直找不到對的人。所以，你需要換一個信念，給自己傳遞積極的暗示，這樣愛情就會如約而至。

第一步，分析自己固有的信念。你對愛情的信念關係到是否能獲得愛情。假如因為一次的失戀而否定自己，覺得自己有問題，不配得到愛情的話，那你就會離愛情越來越遠。

第二步，改變固有的信念。假如固有的信念成了障礙，那就改變它。你可以讀一本跟自我價值有關的書，借助認知重組（Cognitive Reframing）、冥想等方式，改變之前的信念。當你對自己有了新的認識時，你會發現自己的優點，肯定自己的價值，認為自己值得擁有更好的。

第三步，及時樹立新的信念。你可以在戀愛交往的過程中，在積極的自我暗示下樹立新信念。當在戀愛中遇到麻煩時，問自己：「積極、理性的人，會怎麼解決這樣的戀愛問題？」然後，按照你給的答案解決問題，讓自己成為積極又理性的人。在樹立新信念的過程中，只要你走出第一步，你就會獲得很大的信心，這是重拾自信的好辦法。

當你改變了固有的信念，並在實踐中樹立了新的信念時，你會發現自己在改變：「可能，我還沒遇到合適的人。」在相親失敗後，你會對自己說：「我會擁有更好的愛情。」對愛情的期望也變了，以前你「纏著對方，害怕失去」，如今你會給雙方自由，讓愛情成為歷練，希望因為愛情而成長，而不是互相折磨。

餘生很長，請不要急著失望。現在，你可以想一想自己渴望的愛情是什麼樣子。按照你現在的期望去努力，積極而理性的處理戀愛中的問題，相信你會獲得美好的愛情，也會遇見讓你終身幸福的那個人。

4 人們更願意為自己主動的選擇買單

中國現代文學家巴金說：「我的　生始終保持著這樣一個信念：**生命的意義在於付出、在於給予，而不是接受，也不是爭取。**」付出跟回報是因果關係，沒有付出，哪裡會有回報？當一個人全身心的付出後，他才能感受到付出的意義，並獲得幸福的滿足感。滿足感是一種強烈的、積極的情緒體驗，能讓人從內心深處感到愉悅。

如果你的工作進入倦怠期，就會失去熱情，在工作上越來越消極，不斷內耗，產生筋疲力盡的感覺。每天早上壓線到達公司，坐到辦公桌前就期待下班；面對主管安排的任務，你不停的抱怨工作過多，能拖幾天是幾天，到最後期限時才匆忙去做，形成拖延的習慣。還記得那個剛工作時，每天精神飽滿、兢兢業業的自己嗎？不知從什麼時候開始，你已不再把工作上的事當成自己的事對待，總是擺出敷衍了事的姿態。

當朋友跟你聊工作時，你總是抱怨：「就像簽了賣身契，它快把我的時間和精力都榨乾了。」朋友建議：「要不辭職吧？也許換一個工作會好一些。」你說：「不行啊！找工作也不容易，為了養家糊口，先應付著吧！」於是，你抱著被壓榨的心態，繼續在工作崗位上混日子。

此外，你作為一名負責任的父親或母親，隨著孩子一天天長大，幫孩子報名好幾個補習班，有繪畫班、聲樂班、鋼琴班、籃球班，花了很大一筆錢。當孩子累了、表達不想去上課時，你非常惱火：「你是不是來討債的？為你花了那麼多錢，你不認真學，對得起我嗎？」

親戚勸你：「乾脆少報兩個班，上太多課不僅花很多錢，孩子也挺累的。」你卻說：「沒辦法，他們班同學都這樣，不讓他學，到時候落後就來不及了。唉！當父母就是被壓榨的命。」

你覺得工作耗費了你的時間和精力，每天發牢騷；你覺得養育孩子花光了你的金錢，想到就不停抱怨。你沉浸於負面情緒中，忘了反思一下：你是用什麼樣的心態來對待工作和孩子。你覺得好像身邊遇到的各種事情和人，都在有目的的榨取你的價值。

心理學家認為，**人們更願意為自己積極主動的選擇買單**。假如一個人抱著主動付出的心態工作，那繁忙的工作能讓他感到充實；假如一個人抱著付出的心態養育孩子，願意為孩子花錢讓孩子更優秀，那他就不會心疼花在孩子身上的錢。

可是，假如一個人心裡想到的只有「被榨取」，因此想向別人索取些什麼，那他就會產生很多不情願的想法。

面對不情願做的事，就會心生抗拒。一個人在處理工作或有關家庭、孩子等的事時，如果出現了抗拒的情緒，那他就很難做到最好，也不能獲得相應的滿足感。相反的，如果以付出的心態去做相同的事，那他會覺得一切都很有趣，最重要的是，內心會獲得幸福感。

在工作時，如果你這麼想：「我是不是能為團隊多出一份力？如此一來，不僅有了鍛鍊的機會，還能為同事帶來積極的影響。大家都處於熱情飽滿的狀態，主管自然也不必擔心公司的業務，對公司發展也有好處。」會發現工作讓你有更多施展才華的機會，並感到非常滿足。

在家庭生活中，身為父母要經常提醒自己：「我願意不求回報的愛我的孩子，我讓孩子來到這個世界上，應該無條件的去愛他。為了讓孩子變得更優秀，我願意付出金錢和精力。」在和另一半相處時，也不要總是要求對方為你付出什麼，而是思考你回到家是否為對方準備了美味的飯菜、將屋子打掃乾淨、在對方需要的時候給予幫助和陪伴。

當你用這種付出的心態想問題、做事時，會發現自己收穫了更多，不僅獲得主管和同事的認可，還獲得了妻子或丈夫的感謝、孩子的親近。儘管很忙碌，但再也不因索取和抱怨而折磨自己。

5 不當「yes父母」

現在有很多年輕的父母推崇西方的「yes父母」（按：指對孩子有求必應的父母），這種全心全意給孩子愛的做法很令人感動，但這樣真的對孩子好嗎？其實，「yes父母」教出的孩子往往以自我為中心。為什麼會這樣？因為這些孩子在上學之前，完全就是整個家庭的中心，他們認為全世界都得聽他的，每個人都得繞著他轉。

不會說話之前，孩子在不順心的時候，通常會張嘴哇哇大哭，而且大部分情況是假哭，只是借此威脅父母，達成目的。如果遇到「yes父母」，孩子就學會了用感受來控制別人。但我們生活在一個真實的世界裡，沒有人會像「yes 父母」那樣對孩子永遠包容和付出。

就教養孩子來說，心理學家認為，孩子最需要的父母是「最好版本的自己」。當不懂事的時候，比如嬰幼兒時期，父母應該完全滿足孩子的需求，讓孩子想吃就吃、想睡就睡。但當孩子懂得察言觀色，可以理解父母的意思後，父母就要讓孩子學會懂禮貌和建立邊界感。

父母需要掌握一個非常重要的原則，即在拒絕孩子的要求時，一定要**先說出孩子的需求和背後的情緒，讓孩子知道父母理解他**。

比如：孩子在社區遊樂園玩到天黑，考慮天氣、安全和作息等問題，你想帶他回家。這時，你可以這樣說：「寶貝現在還想繼續玩，可是太陽公公已經下班了，我們也該回家了。我知道寶貝很傷心，因為你真的想繼續玩。不然這樣，明天我們早點出來玩好嗎？」

我們說出孩子的需求，理解他的情緒，然後用一個聽起來很好玩、很新鮮的建議來轉移孩子的情緒，並給他臺階下，這樣孩子自然會聽取建議。

現在有些父母竭盡所能的不對孩子說「不」，可是孩子需要的不過是「最好版本的自己」，是真正快樂自在的父母，並非執著於某些教育原則或某些固有、僵化想法。

有些家長將自己童年的缺失毫無原則的彌補在孩子身上，這麼做不一定是好事。父母執著的在孩子身上尋找價值感，最後可能會依賴「孩子對自己的依賴」。

怎麼做才能讓孩子積極面對現實？有些誇獎型父母天天為孩子加油助威，「寶貝是最棒的」、「寶貝是最好的」，一心傳遞「正能量」。然而，孩子哪能永遠最棒、最好？因此這些孩子長大後，往往經不住挫敗、打擊，容易變得憂鬱。大家不理解：「你父母如此開明，又這麼支持你，你為什麼會變得憂鬱？」

其實，這些滿口讚美、不斷誇獎的父母，就是在跟孩子強調：你不應該輸、不應該平庸，也不應該比別人差。在這種環境下生活的孩子，壓力很大、心很累。

那麼，我們應該如何讚美孩子？孩子成績優秀、登上電視舞臺、籃球打得出色，都不讚美嗎？當然必須讚美，不然父母又走了另一個極端——覺得孩子永遠不夠好。

如何適度的讚美孩子？你可以跟孩子一起享受成功的喜悅，讚美他努力付出的過程，而不是讚美他的天賦、結果。父母應該讓孩子有這樣的認知：「我有一定的天賦，但練習和努力的過程更重要。」唯有讓孩子了解真實的自己，他才不會對自己有過高的期望和幻想。

在《心態致勝》（*Mindset*）一書中，有這個例子：九歲的伊麗莎白參加體操比賽，她在幾個項目上都表現得很好，但其他參賽者的實力也很強，儘管伊麗莎白最後進入了總決賽，卻沒有贏得前三名。假如你是伊麗莎白的父母，你會對她說什麼？

孩子受挫後一定非常難過，需要父母的認同和撫慰。然而，用不適當的言語來安慰，可能會影響孩子以後的性格。比如以下這幾種說法，就非常不恰當：

幫助。

- 「我覺得伊麗莎白是表現最好的一個。」父母在說謊，這對孩子沒有幫助。

- 「妳被奪走了屬於妳的獎牌。」這是「卸責」給其他人，可千萬別讓孩子養成這種習慣。孩子應該對自己負責，她的表現很好，但不能贏得獎牌是客觀事實，不能引導孩子把自己的不足「卸責」給他人。

- 「體操其實也沒有那麼重要。」這是在傳遞一種信號：如果不能把一件事做好，就貶低或放棄這件事。你覺得這有益於孩子的心理健康嗎？

- 「妳有能力，下次再努力一點就可以勝出。」這個回答最可怕。父母在鼓勵孩子做自己能力範圍之外的事，會讓孩子高估自己，產生不符合實際的期望和幻想，並一生都在為這個期望而較勁、奮鬥。你想讓孩子在追逐和挫敗中掙扎嗎？除非你自私的把孩子當成自己出人頭地的工具。

- 「妳的表現不太好，確實沒有資格進前三。」這個回答有點殘酷，請你委婉一點表達。

積極的父母會這樣說：「寶貝，我了解妳的感受，妳對這次比賽抱有很大的希望、付出了很多的努力，又做出了自己的最佳表現，但沒有得獎，肯定很失望。但妳知道嗎？妳離得獎還差一點，有些選手訓練的時間比妳長，先天條件也更好一點。假如妳非常喜歡體操，就繼續加油，享受每一次的訓練過程，妳可以再努力一些，但不要執著於一次的結果。」

假如是為了興趣，一次的勝負就沒關係；假如想得獎，那就需要更努力一些。這是在教導孩子積極的面對現實，妄自菲薄、妄自尊大都不可取，應該一步一腳印的做自己想做的事。

你發自內心的愛你的孩子嗎？還是將他當成幫你加分的工具人？或是把你童年的缺失投射給他，增加他的心理負擔？做個積極又明智的父母吧！別跟孩子互相折磨了。

第八章

不焦慮，才能高薪又高興

有些人會說：「等我錢賺夠了，就可以盡情開心了。」、「等我實現了財務自由，我要環遊世界。」、「等我成功了，就要開始好好享受生活。」這些人認為，開心是努力之後的獎勵、是付出辛苦之後的收穫。其實，他們弄錯了順序，情緒積極的人更具有工作的動力，高興是獲得高薪的基礎。

1 越努力，越焦慮？

老師和父母告訴我們「越努力越幸運」，然而，進入職場後發現事實並非如此，「越努力越焦慮」才是常態。一般情況下，努力程度確實與一個人是否成功有關，但假如努力沒有改變現狀，你還會認為越努力越幸運嗎？

努力後的結果不符合預想，大都有兩個原因：一是努力的方向不正確；二是比我們優秀的人比我們還努力。

你會遇到很多努力的人，他們兢兢業業，過著「家、公司、餐廳」三點一線的規律生活，但他們還是表現出一副焦慮的樣子。你可能也有這樣的疑問：「為什麼如此努力了，還是對生活充滿焦慮？」其實大家不是因為努力本身而焦慮，而是因為一直努力卻得不到想要的結果而焦慮。「越努力越焦慮」的根本原因，就是**欲望沒有得到滿足**。

很多時候，人們努力過後沒有得到預期的結果，就會出現失意和焦慮的情緒。可見，**努力可能也會帶來焦慮的情緒**，讓我們陷入越努力越無力、越內耗的惡性循環。

我們都知道，人的欲望是無窮無盡的，特別是在這個資訊爆炸的時代，人們對財富的追求也越來越狂熱，在事業上都想做出成績。

努力又焦慮的人，並不是因為自己熱愛而奮鬥，而是焦慮驅使。因為沒有得到期望的認同而產生焦慮，努力僅是擺脫這種焦慮的方式。他們會努力變強，然後在變強之後進入第二次焦慮的狀態。這種不斷疊加的焦慮，會讓他們體會不到努力的意義。

我們為生活疲於奔命時，殊不知生活離我們越來越遠。我們整日繃緊神經衝業績，完全忽略了家庭和身體，拋棄了自己的興趣愛好，結果只能越努力越焦慮。很多人還在堅信越努力越幸運，殊不知這個信念向人們灌輸錯誤的認知，讓事業處於起步階段的年輕人，因努力帶來的焦慮而身心俱疲。

心理學家建議，人在必要時可以放棄無謂的努力。但對抱有「努力成功論」的群體來說，這一說法很難接受。「放棄努力」會讓他們生出恐慌情緒：生活已經這麼艱難，還要放棄努力，那人生不是會變得更糟糕嗎？比如：初學游泳的人，當他們雙腳無法著地的時候，心裡會非常慌張，假如能抓住點什麼，就算是一根小樹枝，也會不惜一切的抓牢。

我們堅持著自己的信念：努力會讓自己有錢、努力會讓自己有好成績、不努力就會失敗……於是，我們放棄了生活中的很多美好，一直沉迷於努力，因努力而焦慮，因焦慮而不肯放過自己。

努力要適度，一旦發現自己對結果產生了焦慮，就馬上停下來，用有趣的事情轉移一下注意力，千萬不要急功近利。無論是在工作還是在生活中，我們都應該做到適當的努力，並用正確的努力方式讓自己變得幸運。

2 高薪重要，高興更重要

在職場奮鬥一段時間後，很多人會感到困惑：「跟以前相比，我現在賺了更多錢，但為什麼沒有比以前更開心？」

是覺得賺錢太累嗎？有一點。工作、生活和休閒之間的界線越來越模糊。看新電影或電視劇、陪孩子去遊樂園、在家裡睡覺時，都有可能接到工作電話。

是覺得心理不平衡嗎？有一點。為什麼別人滑手機、陪家人時，自己需要聊工作？為什麼別人下班就能耍廢放鬆，自己卻還要加班？

是擔心有一天會失去嗎？有一點。努力得到回報確實值得高興，但隨著收入增加，我們內心的欲望也日漸膨脹，免不了會擔心一旦收入下降又回到從前怎麼辦。如果真的回到剛工作時的薪資，不僅心理上要承受由高到低的落差，消費上也得由奢入儉，這對人來說是一種煎熬和巨大的考驗。

關於金錢與幸福的關係，作家阿德里安·弗爾納姆（Adrian Furnham）與邁克爾·阿吉爾（Michael Argyle）在《金錢心理學》（*The Psychology of Money*）中提出，兩者的相關性在〇·二五之前成正比關係；在〇·二五之後，兩者基本上關係不大，書中將這種情況稱為「金錢的邊際效用遞減」。

由此我們可以知道，高薪與高興並非總是成正比。因此，當基本物質被滿足，薪水越來越高後，我們可以暫停大賺大花的模式，關注一下自己的精神世界，想辦法讓自己在沒有更多金錢支撐的前提下，持續高興下去。

對某些人來說，**高興其實是比獲取高薪更困難、更重要的修行**。

中國作家楊絳說：「你的問題主要在於讀書不多，而想得太多。」可是，你看了很多書，還是不開心。文學家林語堂說：「眼光放遠一點，你就不傷心了。」然而，如果你當下很難過，就算知道幾個月後自己就不記得，你還是很不高興。中國作家路遙說：「人活一生，值得愛的東西很多，不要因為一個方面不滿意，就灰心。」

三十歲實現高薪後，我們應該將「高興」看作更高的修行，關注自己的生活狀態，**讓自己變身成高興的「供應商」，自己為自己「供應」高興**，而不是依靠他人獲得高興。關注每一天的能量守恆，假如白天過得有點辛苦，那晚上就為自己創造一個小驚喜。在日常生活中，不斷為自己製造一個又一個小幸福，讓自己持續擁有高興的人生。

比如：做出了一些小成績，就給自己一個小獎勵，也就是要上進，更要及時行樂。就像中國糕點連鎖店好利來的老闆羅紅，年輕時喜歡攝影，在企業做出成績後，他就抽出時間，帶上金錢、拿起手機，轉身用鏡頭去記錄美好的世界。

總之，人生在世，開心最重要。沒有必要跟誰比較，也不必焦慮、折磨自己。無聊了就提醒自己看書、焦慮了就提醒自己換個想法、生氣了就提醒自己鍛鍊身體、理想與現實出現落差了就提醒自己不要執著。在有心有力的前提下，錢能多賺還是要多賺，但千萬別賠上好心情，不高興了，賺多少錢都沒有意義。**高薪重要，高興更重要。**

3 工作不分貴賤，但專業感能分出高低

有人會抱怨現在的工作環境競爭太激烈、太殘酷，甚至好多人因此而嚴重內耗。真的是太過度競爭了嗎？還是我們的工作能力沒有提升？我們沒有把工作做得更專業？俗話說「三百六十行，行行出狀元」，「狀元」就代表專業，因為有「金剛鑽」，他們才敢攬下「瓷器活」。公司裡的「問不倒」和「萬事通」，就是把工作做到精益求精的傑出代表。

精益求精，是指工作在確保完成的前提下，有了更深一步的延伸。精益求精的人，通常具備以下特質：

1.不會「勤奮的偷懶」

我在網路上看過一篇文章提到，某日用品公司的廣告企劃案奉行「勤奮的偷懶」：在戲劇裡置入行銷時，要求整部戲裡必須有三百秒演員刷牙的鏡頭。這樣既方便統計工作量跟主管交差，又方便將報酬數據化。但電視劇裡某個廣告效果如何，不是由時長決定，而是在於能否完美的將產品融入劇情。優秀的廣告，只要一個鏡頭就能成功。

有些人在工作中只在意表面的考核指標，寧願讓大家看見自己正在做，也不願意花時間和精力去鑽研專業知識，把工作真正做好。

精益求精的人，不會像這樣「勤奮的偷懶」，而是表裡如一的做事。他們不會刻意粉飾外在，會專注於工作的核心，致力於完成高品質的工作，達到精益求精的效果。

2.做「熟」自己的工作

某大學生到影印店影印論文，剛拿起釘書機準備釘，影印店老闆詢問：

「你的資料有多少頁？這個大釘書機最多只能釘五十五頁，不能再多了，超過五十五頁就釘不起來了。」

大學生偏不信，覺得自己的論文六十頁，只超出五頁，只要用力點一定就能釘上。於是他使勁一按，果然有五頁沒釘穿，他趕緊讚揚老闆有經驗。老闆說：「我親手釘過的論文數，遠遠超過你們全校同學看過的。」

不妨想像一下，老闆曾一次次實驗釘書機承載極限並總結，可見他在工作的其他方面也會很用心和投入。而有些工作幾年的年輕人之所以沒有什麼長進，**原因是他們在後面這幾年，不過是一直重複第一年的工作經驗而已，**他們的目的僅是把工作做完，而不是追求把工作做「熟」。

在努力做到精益求精的過程中，工作者通常會依次出現三個境界：

1. 看上去很專業

中國前外交部副部長傅瑩認為，形象也屬於表達。她提出，出席隆重的禮兵活動，最好穿中式服裝；參加開幕式，要穿著有文化元素的服飾；在工作場合，最好穿西服套裝。二〇一三年，她第一次為記者會做準備時，選了一套淺灰色西服，穿上顯得低調而莊重。但彩排時，她發現西服顏色跟背景牆上的大理石非常接近，於是，她就換成了寶藍色上衣和黑色裙子。

看上去很專業的人，了解形象也屬於表達的一部分，他們的穿著會展現出對工作的上進心和敬畏感。

2. 聽上去很專業

聽上去很專業的人，工作時，能做到精準表達、情緒穩定、思路清晰、言之有物。他們跟外行人溝通時，能降低專業難度，盡快達成共識；跟內行人溝通時，能運用行業術語，快速解決問題。

3. 在工作中找到價值感

在此分享一個關於品管的故事：美國某公司代表到日本的合作廠商檢

查，對任何細節都不放過，即便在倉庫看到一瓶機油，也會仔細的確認用途，甚至趴在地上檢查是否有齧齒動物的痕跡。檢查結束後，廠商的品管人員問代表：「檢查這麼嚴格，是否跟貿易壁壘有關？」代表回答：「我只是在做分內的事，保證食品安全。」

有些人從不認為自己就只是領薪水的員工、工作只是為了賺點錢，而是從普通的工作中找到價值感和使命感。

行業薪酬統計或排行並不可信，因為大部分行業的收入是金字塔結構。然而，**工作可能分不出高低，但專業感能分出高低**，精益求精的人往往最值得尊敬。對於不背臺詞靠配音對嘴的演員、摔倒起身後忘記專業補救的模特兒，人們不給面子，指責他們不配有高薪酬，因為他們不專業。相反的，當劇組茶水工二十八年的楊容蓮（按：香港電影業茶水工、特約演員），在第三十七屆香港電影金像獎頒獎典禮上獲得「專業精神獎」，原因就在於她執著的專業精神。

以前我們習慣把工作分為體面和不太體面，但有些人在體面的工作中表現得不專業，有些人在不太體面的工作中卻表現得很專業。所以，**無論做什麼工作，只要精益求精，就是體面的**。

可見，出現過度競爭，也從一定程度上說明這些人的工作水準都差不多，導致他們都擠在一個瓶頸裡，才「過度競爭」。如果我們能像楊容蓮那樣工作，哪怕是再微不足道的職業，都能將它做得精益求精、閃閃發光，那個時候，我們還會覺得過度競爭嗎？還會感到痛苦嗎？所以，提升我們的專業能力，不但是逃離過度競爭環境的法寶，也是擺脫內耗的必要之法。

4 做的意義，遠大於做好

很多人都有這種體驗：覺得自己已經非常努力了，但一直沒有得到任何收穫，以致覺得人生沒有意義，整日無精打采。於是，他們認為是命運導致自己的窘境和平庸。其實，命運不會辜負任何人的努力。努力也許不會讓你成功，但肯定能帶來收穫。假如你努力了卻得不到收穫，那就意味著你的努力不踏實，或許是自欺欺人，又或許是掩人耳目。

周老師參加了一個由教育部組織的教師培訓課程。在課程中，教育部的專家表示：教師既要在課堂上傳播知識，更要在網路上傳播正能量。表現優秀的老師不僅能榮獲表彰，還有利於升遷。

學員聽到後都很激動，然後開始分為幾個小組來討論。周老師的小組有十幾位老師，大家都很積極的為傳播網路正能量來出謀劃策。周老師雖然沒有積極發言，但他也在心裡暗暗思考，打算抓住這個機會。

培訓結束後，剛開始的幾個月大家還會在網路上傳播正能量，一年後就只有周老師堅持傳遞心理學方面的知識。儘管他的流量與網路大咖相比還差得很遠，但也有不少讀者留言，說因看了他的文章而獲益。

當時一起培訓的老師很多，為什麼大部分人慢慢都放棄了？其實，有四種負面思維會阻礙人們努力，我們必須趕走它們：

1. 拿「做了沒用」當藉口

在短影音流行的今天，很多內容創作者都想知道，如何一個月內增加一萬名粉絲。不知道他們是否想過，假如寫作的成就感取決於粉絲的追蹤數，那寫作這一行為恐怕很難堅持下去。

當有人提出這樣的建議：「有名的網路大咖正在找有潛力的人寫書評，趕快去投稿吧！如果變成熱門貼文，粉絲肯定會認識你。」這是一個不錯的建議，但某些人會用各種藉口來回應：

- 「這個社群媒體早就不行了，做這件事有什麼意義？」（無意義論。）
- 「一週要寫出兩篇書評，太麻煩了，我還得上班！」（怕麻煩。）
- 「我看了幾篇文章，大部分只有十幾個分享、幾十個讚。非常慢，純粹浪費時間！」（嫌效果慢。）

歸納一下，這些藉口的意思就是這件事「做了沒用」。

我們在生活中經常會聽到這種「做了沒用」的藉口，而使用這種藉口的人，也沒有積極的做一些有意義的事。或者，他們只是「不想費力」。

而一名積極的內容創作者則會這麼思考：

• 社群媒體上有非常龐大的活躍用戶，假如想做自媒體，無疑是重要的陣地。除此之外，我在各種網路平臺上都可以戰鬥。

• 一夜成名這種事發生在我身上的可能性很小。無論做什麼事，過程的意義遠大於結果。我繼續堅持下去，就會累積一個又一個小幸福。

如果你認識的朋友做任何事都索然無味，一副不想費力的樣子，那請你遠離他，因為「無聊」的毀滅性和傳染性都很強。

2. 拿「沒時間」當藉口

「我最近很忙，沒時間。」、「兄弟，最近事情特別多，這事以後再說吧！」、「我最近非常忙，又是籌劃新專案，又是配合審計，家裡的孩子也讓人操心。這件事你先進行，等我忙過這段時間就好了。」你可以羅列出自己一天的事，看看自己是真的在忙還是想偷懶。其實，「沒時間」不過是一種自己騙自己的藉口罷了。很多人習慣把事情拖到最後一刻，然後忽略品質、迅速的搞定，並自我安慰：我已經非常努力了，可惜時間緊迫。

成功並不複雜，誰在同樣時間內做的事更多，誰就更容易成功。或者說，偷懶的人做事，都是一件接著一件做，一定要做完這件事才能再做下一件，而且很容易崩潰；而努力的人做事都是同步進行，能同時進行多項工作，就算某一條線路斷了，其他線路也能有條不紊的繼續下去。

假如你總覺得「非常忙，沒時間」，也許是你大腦的工作效率低下，必須想辦法提高它的運轉速度。畢竟，職場是很殘酷的，沒有人會在意你是偷懶還是努力，也沒有人在意你是不是真忙。

3. 為自己貼標籤

有些人很喜歡為自己貼上標籤：

‧「在學習方面，我們××地的人沒有你們山東人積極！」（××地是因懶惰出名的嗎？）

‧「假如網路名人××姐不理我怎麼辦？我是一個很內向的人！」（網路大咖都很忙，無法回覆所有人，我們一定要因此而痛苦嗎？）

前面的兩種說法尚可辯駁一二，以下的這種說法就讓人無言以對了：

‧「命運只會選擇被它選中的人，我再努力也不會被眷顧的！」

對在職場奮鬥的你我來說，不會有完全不能做的事。現在的你我源於過去的所有經歷，將來的你我源於現在所做的所有選擇。一成不變從來不存在，撕掉逃避的標籤，勇敢的做出改變，你的夢想終有一天會實現。

所以，為了實現夢想，請不要自己埋沒自己，自己貼喪氣的標籤給自己，請勇敢的實踐，捨棄無謂的尊嚴。告訴自己：「越軟弱越焦慮，除了勇敢，你別無選擇！」

4. 盡力就好

心靈雞湯文中經常出現類似這樣的句子：「千萬別勉強自己，盡力就好。」但事實上，對工作壓力越來越大的職場人士而言，偶爾勉強自己一下反而是好事，因為只有更努力一些，我們才有機會更強大。讓自己更強大的確很辛苦，但不強大更辛苦。

所以，說「盡力就好」不過是在自我安慰。

在工作中，我們不僅找了很多理由來逃避困難和挑戰，還自我安慰「盡力就好」，但這通常意味著放棄和失敗。有時候我們需要勉強自己，再堅持一下，馬上就達成階段性目標了。

在壓力倍增的今天，與其借著「離職去看看世界」來逃避壓力，不如反思一下如何在職場勝出。也可以這樣理解：與其一味逃避壓力，不如跟壓力攜手前行。

一次勉強自己，你也許能突破現狀，後面的事情也跟著水到渠成。當然，在職場中，我們不勉強自己，主管也會讓我們勉強自己，不過，積極的自我勉強的能量更大。只有發自內心的努力，摒棄這些負面思維，努力才會變得有效，也才會變得更有意義。

在努力的過程中，如果能不被這四種負面思維左右，我們就能遠離內耗，享受到努力工作的樂趣。其實，努力這件事很簡單，你只要去做就好了，**「做」的意義遠大於「做好」**。

5 道理都明白，還是過得不太好

在過去資訊匱乏的年代，人們會因落後而感到焦慮；然而，在資訊超載的今天，我們每天都能接觸到大量的資訊，輕觸手機網頁，手指下滑，便會看到各種資訊。

但網頁看得越多我們越疑惑，資訊社會如此便捷，為什麼我們還沒消除焦慮？我們每天讀書、聽書，接觸各種知識，為什麼焦慮、內耗不但沒有緩解，反而日漸增多？

我之前和朋友聚會時，有人提出不帶功利性的堅持閱讀是有好處的，但也要看閱讀的內容是什麼；此外，我的愛人一度喜歡關注網紅，時不時跟身邊的朋友推崇網紅的言論。的確，他們的言論能讓我們獲得短暫的歡樂，但幾乎學不到什麼有用的知識。

這就是速食文化的特點，什麼不會就去學什麼，於是各種線上課程應運而生。然而在一番學習後，大部分人得出這樣的結論：「**道理都明白，依然過得不太好**。」

身邊的朋友越來越優秀，我們總是主動或被動的拿自己跟別人比較，比不過的時候，心就開始發慌，擔心別人能力更強、專業知識掌握得更多，獲得更高的薪水和職位，此時感覺危機感掌控大腦，這就是知識焦慮。其根源在於對未來的不確定性，我們擔心被未來淘汰，於是走上自我學習之路。

但透過線上課程學習的職場人士，為什麼還是沒有擺脫知識焦慮？原因很簡單：社會高速發展，職場人士也忙得跟陀螺一樣，能利用的不過是一些零碎時間。所以，線上課程跟學校的系統學習有很大不同，提供的多是碎片化知識，效果不是很明顯。

比如：我們利用零碎時間瀏覽了很多關於某個主題的資料，但等到需要用時卻一個都想不起來。此外，理論知識跟實際應用也有較大差距，就像一個人拿到了駕照卻不敢開車上高速公路。而且，理論知識還具有批量生產的特性，我們對知識的品質也無法驗證。因此，線上課程並沒有辦法讓一眾職場人士擺脫焦慮。

在資訊過量的時代，無用的知識很多，正因為經常瀏覽這些內容，我們才出現了知識焦慮。而想遠離知識焦慮，就要學會辨別，找出哪些是對我們有用的真知識，哪些是擾亂視線、浪費時間的偽知識。

不過即使是真知識，它也是碎片化的知識，跟系統性的知識沒辦法比較。因此，如果你把提升能力寄託於碎片化知識的學習上，覺得聽了某個專家、教授或成功人士的演講就能升職加薪，那肯定不切實際。

事實上，當你支付了高昂的費用去學習這些碎片化知識時，它是否有用、有多大用處，誰也不能對我們做出保證，當學習完卻發現一無所獲時，我們的知識焦慮程度反而會加劇。

可見，線上課程並不能幫助我們緩解知識焦慮。而想在這個時代學到於己有用的真知識，從而緩解知識焦慮，就要做到以下三點：

・調整學習態度。我們要清楚一點，學習知識是一個長期的過程，切忌急功近利。

・建立知識體系。在學習的過程中，要學會建立自己的知識體系，有了完善的知識體系，我們才能完全掌握和吸收碎片化知識。

・多學習實用的知識。我們應該多掌握一些實用的或可實踐的技術知識，從而更順利的幫助我們工作與生活。因此，學習時一定要注意知識的實用性。

學習的目的是提升能力、增強競爭力，讓自己在職場中達到理想的層次和高度。因此，如果學習不得其法，可能最終不但無法緩解焦慮，還會導致焦慮加劇。

所以，我們在學習之前就要慎重考慮，搞清楚自己真正需要的知識是什麼。知識無限而人生有限，用有限的人生多學習一些有用的知識，才不會被時代淘汰，不會因焦慮而折磨自己，進而成為一名持續上進的職場人士。

國家圖書館出版品預行編目（CIP）資料

沒有誰在折磨你，是你不放過自己：1%的不快、不甘、不爽，總釀成我內心 100%的折磨，這就是內耗──我得趁剛萌芽就掐死它。／馬浩天著 .
-- 初版 . -- 臺北市：任性出版有限公司，2024.11
224 面；14.8x21 公分 . --（issue；077）
ISBN 978-626-7505-14-4（平裝）

1. CST：自我肯定　　2. CST：自我實現
3. CST：情緒管理

177.2　　113012747

issue 077

沒有誰在折磨你，是你不放過自己

1%的不快、不甘、不爽，總釀成我內心 100%的折磨，這就是內耗——
我得趁剛萌芽就掐死它。

作　　者／馬浩天
責任編輯／陳映融
校對編輯／連珮祺、張庭嘉
副 主 編／馬祥芬
副總編輯／顏惠君
總 編 輯／吳依瑋
發 行 人／徐仲秋
會 計 部｜主辦會計／許鳳雪、助理／李秀娟
版 權 部｜經理／郝麗珍、主任／劉宗德
行銷業務部｜業務經理／留婉茹、行銷企劃／黃于晴、專員／馬絮盈
　　　　　　助理／連玉、林祐豐
行銷、業務與網路書店總監／林裕安
總 經 理／陳絜吾

出 版 者／任性出版有限公司
營運統籌／大是文化有限公司
臺北市 100 衡陽路 7 號 8 樓
編輯部電話：（02）23757911
購書相關諮詢請洽：（02）23757911 分機 122
24 小時讀者服務傳真：（02）23756999
讀者服務 E-mail：dscsms28@gmail.com
郵政劃撥帳號：19983366　　戶名：大是文化有限公司

香港發行／豐達出版發行有限公司　Rich Publishing & Distribution Ltd
地 址：香港柴灣永泰道 70 號柴灣工業城第 2 期 1805 室
Unit 1805, Ph.2, Chai Wan Ind City, 70 Wing Tai Rd, Chai Wan, Hong Kong
電 話：21726513　傳 真：21724355　E-mail：cary@subseasy.com.hk

封 面 設 計／林雯瑛　內頁排版／吳思融
印　　　刷／韋懋實業有限公司
出 版 日 期／2024 年 11 月初版
定　　　價／新臺幣 390 元（缺頁或裝訂錯誤的書，請寄回更換）
I S B N／978-626-7505-14-4
電子書 ISBN／9786267505120（PDF）
9786267505137（EPUB）

本書臺灣繁體版由四川一覽文化傳播廣告有限公司代理，經北京竹石文化傳播有限公司授權出版。